BONSAI
Miniatur-Bäume

Dreispitz-Ahorn,
Acer buergerianum
Felsenform-Ishitsuki
Höhe 80 cm;
Alter ca. 65 Jahre

BONSAI
Miniatur-Bäume

von

Paul Lesniewicz

ISBN 3-9800-3452-6

CIP-Kurztitelaufnahme der Deutschen Bibliothek
LESNIEWICZ, PAUL:
Bonsai Miniatur Bäume
Heidelberg: Bonsai-Centrum Heidelberg 1980

ISBN 3-9800-3452-6
Bonsai Miniatur-Bäume

Dieses Buch ist unter Mitwirkung von Frau Ilona Lesniewicz entstanden

Printed in Germany

Gestaltung und Layout Studio C. Rieger, Heidelberg

Satzherstellung: H&S Team für Fotosatz, Heidelberg

Fotos: Wiegand, Studio Orthen, Bonsai-Centrum Heidelberg
Kindai-Bonsai, Japan, Saburo Kato, Takeyama
Horac Clay Hawaii, Fukumoto-Fuku-Bonsai, Pin Kewpaisal, Bangkok Thailand

Titelbild: Dreispitzahorn, Acer buergerianum
Höhe ca. 55 cm, Alter ca. 65 Jahre
Foto: Kindai-Bonsai, Japan

Erwähnt sei die in Japan berühmte Geschichte des Samurai Hojo Tokiyori, der im Jahre 1383 während einer bitterkalten Winternacht seine letzten drei geliebten Bonsai dem Feuer opferte, eine Aprikose, eine Kirsche und eine Kiefer, um für seinen hohen Besuch, einem Shogun, zu heizen.

Lieber Paul,
anläßlich der Veröffentlichung Ihres ersten Buches 1978
habe ich uns allen gewünscht,
daß die japanische Bonsai-Kunst
einen Beitrag leisten möge zum gegenseitigen Verständnis
zwischen unseren sehr entfernten Ländern.
Wir freuen uns sehr, daß schon nach so kurzer Zeit Ihr zweites,
wesentlich erweitertes Buch erscheinen kann,
zeigt es doch das Interesse für Bonsai in Ihrem Lande.
Saburo Kato, Direktor der Nippon Bonsai Association

Als amerikanischer Bonsai-Freund
freue ich mich über das Erscheinen Ihres zweiten Buches.
Es wird das Wissen über Bonsai und Bonsaigestaltung
in Ihrem Lande und darüber hinaus erweitern.
Dr. Elisabeth Scholtz, Direktor Brooklyn Botanic Garden

Die besten Wünsche zur Veröffentlichung Ihres neuen Buches.
Ich bin sicher, daß es in Ihrem Lande gut aufgenommen wird
und eine Informationslücke schließt.
Dr. William M. Clark, Präsident der American Bonsai Society

Lieber Paul,
möge Dein Buch ein weiterer Markstein auf dem Wege
in unserer gemeinsamen Bonsai-Welt sein.
Dorothy Koreshoff, Präsident der Bonsai Society of Australia

Wir beglückwünschen Dich zu Deinem neuen Buch.
Es wird das Wissen über Bonsai weiter vertiefen
und auch die freundschaftlichen Beziehungen
zwischen den Bonsai-Freunden in aller Welt.
Dr. Horace Clay, Präsident der Hawaii Bonsai Association

Herzliche Glückwünsche für Dein neues Buch
und herzliche Grüße an die Bonsai-Enthusiasten in Deutschland.
Unsere gemeinsame Begeisterung
für die kleinen Bäume hilft Grenzen und Sprachbarrieren überwinden.
John W. Hinds, Präsident der Bonsai Clubs Internationals, USA

Ich wünsche Ihnen,
daß Ihrem Bonsai-Buch in Ihrem Lande der gleiche Erfolg beschieden sein wird
wie meinem Bonsai-Buch in unserem Lande.
Es ist sehr wichtig, auch Beispiele eigener Bonsai-Gestaltung zu beschreiben.
Faust Verges, Bonsai-Meister Barcelona, Spanien

Es gibt sehr viel Aspekte in der Bonsai-Kunst.
Einen der wichtigsten findet man in keinem Bonsai-Buch beschrieben:
nämlich das Gefühl der freundschaftlichen Verbundenheit
und das Verstehen zwischen Menschen sehr verschiedener Länder,
das die Beschäftigung mit diesen faszinierenden Miniaturen auch in uns wachsen läßt.
Giorgi Gian Franco, Bonsai-Meister Florenz, Italien

Lieber Paul,
wir wünschen Deinem neuen Buch viel Erfolg und der Bonsai-Kunst viele neue Freunde.
Marcelina Serrot de Kutting, Präsident der Association Argentina de Bonsai

Herzlichen Glückwunsch zu Deinem neuen Bonsai-Buch.
Wir werden es mit großem Interesse betrachten und eine Menge daraus lernen können.
Denn Bonsai kann eine gemeinsame Sprache sein.
Iyoti N. Parekh, Bonsai-Meister Bombay, Indien

Inhaltsverzeichnis

Vorwort

Bonsai sind lebende Kunstwerke.
Sie sind nicht zu vergleichen mit anderen Kunstformen.
Bei Gemälden und Skulpturen ist ein Kunstwerk dann vollendet,
wenn der Maler seinen Pinsel weglegt, der Bildhauer seinen Meißel.
Bonsai sind in diesem Sinne nie vollendet, sie bleiben lebendige Natur,
leben und wachsen weiter.
Es reicht nicht aus, nur die Schönheit dieser Bäumchen zu bewundern.
Sie möchten dem Betrachter etwas viel Wesentlicheres vermitteln:
die Gesetze des Werdens und Wachsens und ihm die Augen öffnen,
daß wir alle, Mensch und Natur, in diese Gesetze gemeinsam eingebunden sind.

Da Bonsai-Gestaltung für Herrn Paul Lesniewicz auch diese Bedeutung hat,
halte ich sein Buch für wichtig und wünsche ihm viel Erfolg.

John Y. Naka

John Naka, Präsident der
California Bonsai Society,
Direktor des Bonsai Clubs International

Fächerahorn, Acer palmatum, Flossform - Ikada, Höhe ca. 50 cm, Alter ca. 35 Jahre

Einführung und Geschichte

Unsere Städte und Wohngebiete werden immer unwirtlicher. Der moderne Mensch zieht sich in seinen privaten Bereich zurück und entwickelt eine neue Wohnkultur, die mit Blumen und Pflanzen auch die Natur einbezieht. Dies erklärt unter anderem das wachsende Interesse an der jahrhundertealten Bonsaikultur, die immer mehr zu einer anspruchsvollen Freizeitbeschäftigung wird.

Wer ist nicht begeistert von den kleinen kostbaren Bäumchen, die in Schalen kultiviert werden, und die den Bäumen in der Natur in allem außer der Größe gleichen? Die Gestaltung und Pflege eines Bonsai erfordert ein wenig Geschick. Wer aber sonst mit Pflanzen eine glückliche Hand hat, wird viel Freude an seinen Bonsai haben.

Bei den Bonsai im Vordergrund dieser antiken Bilderrolle handelt es sich um eine Kiefer, eine Aprikose und eine Blütenkirsche. Sie wurden 1351 von den Brüdern Takaaki und Takamasa Fujiwara gemalt.

Was ist ein Bonsai?

Ein Bonsai ist ein Baum oder ein Strauch, der in einem Gefäß kultiviert wird. Seine Größe überschreitet selten 70 cm; dennoch erweckt er den Eindruck, als hätten wir einen Baum vor uns, wie er in der freien Natur wächst. Genau übersetzt heißt Bonsai: Bon = Tablett oder Schale und Sai = Baum oder Pflanze – also Baum in eine Schale gepflanzt. Der Bonsai ist ein Miniaturbäumchen, das in einer Schale kultiviert wird und den „Großen" in der freien Natur gleicht. In seinen Ursprungsländern des Fernen Ostens gilt er als Ausdruck der Harmonie zwischen Himmel und Erde, Mensch und Natur. Der geistige Hintergrund für die Bonsai-Kunst ist in der östlichen Weltanschauung zu suchen. Die asiatische Lebensauffassung erstrebt eine Harmonie von Mensch und Natur, die sich im Einfühlen in den Vorgang alles Wachsens und Werdens bekundet.

Gibt es dafür ein trefflicheres Beispiel als die Bonsai-Kultur?

Der Bonsai-Liebhaber nimmt sich Zeit zur Pflege und Betrachtung seiner Bäumchen. Er erlebt an ihnen immer wieder von neuem den Rhythmus der Jahreszeiten und entfaltet schöpferische Fähigkeiten bei der Gestaltung und Formung der kleinen Bäume. Entspannung, Erholung und innere Ausgeglichenheit sind der Lohn für den Aufwand, den die Bonsai-Pflege verlangt.

Es waren die Chinesen, die als erste Bäumchen in Schalen pflanzten. Bis heute gehören Bonsai zur chinesischen Kultur und sind in jeder chinesischen Gesellschaft auch außerhalb Chinas zu finden, z.B. auf Taiwan, in Thailand, Hongkong, Singapur.

Die chinesischen Bonsai-Meister unterscheiden bis heute zwischen „Pun-sai" und „Pun-ching". Viele verstehen unter dem Wort Pen-jing beide Bonsai-Arten. Das Wort „Pun-sai" hat die gleichen Schriftzeichen wie das japanische Wort Bonsai und heißt: Baum *ohne* Landschaft in ein Gefäß gepflanzt, während „Pun-ching": Baum mit Landschaft in einem

Pun-ching. Bild von Sumie Buzen aus dem Jahre 1808

Gefäß oder auf einem Tablett bedeutet. Diese „punching" reichen weit zurück bis in die frühe Zeit der Han-Dynastie um 206–221 vor Christus, als chinesische Landschaftsgestalter damit begannen, die damals schon sehr berühmten künstlichen Felsengärten zu verkleinern. Nach einer Legende besaß Jiangfeng die magische Kraft, Landschaften mit Felsen, Bergen, Bäumen, Flüssen, Häusern, Mensch und Tier – winzig klein auf ein Tablett zu zaubern. Neben den „pun-ching", diesen Miniaturlandschaften mit Felsen und Bäumen, die auch heute noch in China sehr beliebt sind, finden wir die „pun-sai" zum 1. Mal in der Tsin-Dynastie (265–420 n.Chr.) erwähnt. Es war Ton-Guen-ming (365–427 n.Chr.), ein berühmter Dichter und hoher Beamter, der sich der Staatsgeschäfte überdrüssig, in ein friedliches Landleben zurückzog und dort begann, Chrysanthemen in Töpfen zu kultivieren. Das mag der Beginn der Topfpflanzenkulturen gewesen sein, aber er führte weiter zu den Miniaturbäumen. Schon 200 Jahre später auf den Gemälden der Tang-Zeit finden wir Kiefern, Zypressen, Pflaumen, Bambus ... in Schalen gepflanzt.

Noch vor dem Jahre 1000 in der Sung Dynastie werden diese pun-sai nicht nur in Gedichten beschrieben, sondern es gibt eine umfangreiche Fachliteratur über ihre Gestaltung.

Während der friedlichen Epoche der Ching-Dynastie (1644–1911) wurden die pun-ching und die pun-sai zu einer Freizeitbeschäftigung nicht nur des Adels, sondern aller Bevölkerungsschichten Chinas.

Aber die Bonsai-Kunst wurde den westlichen Ländern nicht von Chinesen, sondern von Japanern vorgestellt, zuerst auf der Weltausstellung in Paris 1878, dann in London 1909.

Wahrscheinlich haben buddhistische Mönche im 10. und 11. Jahrhundert Bonsai nach Japan gebracht. Für sie waren es religiöse Objekte „grünende Treppen, die zum Himmel führen", also eine Verbindung zwischen Gott und den Menschen.

Während der Guan Dynastie (1280–1368 n.Chr.) brachten japanische Minister und Kaufleute Bonsai als Gastgeschenke von ihren Reisen aus China mit. Wir wissen von Chu Shun-sui, einem chinesischen Beamten, der etwa um 1644 vor der Mandschu-Herrschaft nach Japan floh und seine gesamte Bonsai-Fachliteratur mitbrachte. Er hat mit seinem Fachwissen die Bonsai-Kunst in Japan entscheidend gefördert. Diese Zeit war auch der Beginn einer eigenen japanischen Bonsai-Kultur, die zuerst dem japanischen Adel, den Samurai, vorbehalten war und erst Ende des vorigen Jahrhunderts zu einer Freizeitbeschäftigung für viele wurde.

Bonsai-Vorbild in der Natur. Ein Apfelbaum

Bonsai-Formen

Kein Bonsai gleicht dem anderen. In der japanischen Bonsai-Kultur haben sich jedoch einige typische Wuchsformen herausgebildet. Sie kommen alle in der freien Natur vor. Sie sollten die wichtigsten Hauptformen kennen:

Weißdorn, Crataegus carrierei, Hängeform - Kengai, Höhe ca. 85 cm, Alter ca. 45 Jahre

Einzelne Bäume

a) Chokkan - streng aufrecht:
An einem senkrechten, kräftigen Stamm wachsen die Äste in Pyramidenform gleichmäßig nach allen Richtungen, außer nach vorn.

b) Moyogi - frei aufrecht:
Der Stamm dreht sich in vollen Windungen, die zur Spitze hin kleiner werden.

c) Shakan - geneigter Stamm:
Ähnlich der windgepeitschten Form, nur wachsen bei der Shakan-Form die Zweige nach allen Seiten. Die Wurzeln sind verstärkt in der Neigungsrichtung sichtbar.

d) Han-Kengai-Halbkaskade:
Eine Form, die nicht wie die Kaskade von einem Felsen herabhängt, sondern über eine Klippe waagrecht hinausragt.

e) Kengai-Kaskaden- oder Hängeform:
Der Stamm und die Zweige hängen gebogen über den Rand einer meist hohen Schale herab.

*Mädchenkiefer, Pinus parviflora, Halbkaskade - Han-Kengai,
Breite ca. 70 cm, Alter ca. 85 Jahre*

*Japanische Lärche, Larix leptolepis, Geneigter Stamm - Shakan,
Höhe ca. 60 cm, Alter ca. 50 Jahre*

*Mädchenkiefer, Pinus parviflora, frei aufrechte Form - Moyogi,
Höhe ca. 70 cm, Alter ca. 75 Jahre*

*Japanische Schwarzkiefer, Pinus thunbergi, streng aufrechte Form - Chokkan,
Höhe ca. 70 cm, Alter ca. 80 Jahre*

Mehrstämmige Bäume und Baumgruppen

Die Japaner haben eine Abneigung gegen gerade Zahlen. Nur die Zahl zwei ist gebräuchlich. Vier und sechs werden besonders gemieden. Sie umgehen die für die Europäer so wichtige Symmetrie. Diese Auffassungen haben einen großen Einfluß auf die Bonsaigestaltung.

Roter Fächerahorn, Acer palmatum atropurpureum, Flossform - Ikada, Höhe ca. 66 cm, Alter ca. 45 Jahre

Sokan-Zwillingsstamm:

Zwei Stämme von unterschiedlicher Stärke wachsen aus einer Wurzel (Vater und Sohn).

Sankan-Dreierstamm:

Drei Stämme von unterschiedlicher Stärke wachsen aus einer Wurzel (Vater, Mutter, Sohn).

Kabudachi-Mehrfachstamm:

Die Bezeichnung für alle Bonsai, bei denen mehrere Stämme aus einer Wurzel wachsen.

Ikada-Flossform:

Ein Stamm wird horizontal in die Erde eingegraben. Die Äste werden so gezogen, daß sie dann wie Einzelstämme wirken.

Netsuranari - kriechende Form:

Mehrere Stämme wachsen aus einer horizontal liegenden Wurzel und wirken wie eine Baumgruppe.

Yose-ue-Waldform:

Mehrere im Alter sehr unterschiedliche Bäumchen werden in eine flache Schale eingepflanzt. Es entsteht so der Eindruck eines Waldes oder Hains.

Kerbbuche, Fagus crenata, Dreierstamm - Sankan, Höhe ca. 85 cm, Alter ca. 65 Jahre

Formen, die einzeln oder auch in Gruppen gepflanzt werden können

Hokidachi-Besenform:
An einem aufrechten Stamm bilden die Zweige eine Fächerform (wie ein Reisigbesen).

Fukinagashi - windgepeitscht:
Die Äste und Zweige wachsen an einem schräg gezogenen Stamm nur in eine Richtung - wie vom Wind gepeitscht.

Bunjingi-Literatenform:
Der Stamm oder die Stämme wachsen aufrecht oder leicht geneigt und ohne Äste, außer an der Spitze. Eine elegante Wuchsform.

Ishitsuki-Felsenform:
Über oder auf einem Felsen gewachsenes Bäumchen, dessen Wurzeln den Stein fest umschließen und ins Erdreich einwachsen können.

Winter-Jasmin, Jasminum nudiflorum, Felsenform - Ishitsuki, Höhe ca. 27 cm, Alter ca. 35 Jahre

Zelkove, Zelkova serrata, Besenform - Hokidachi, Höhe ca. 80 cm, Alter ca. 75 Jahre

Mädchenkiefer, Pinus parviflora, Literatenform - Bunjingi, Höhe ca. 80 cm, Alter ca. 65 Jahre

Diese Mädchenkiefer, Pinus parviflora, vereint 2 Bonsai-Formen: die windgepeitschte Form und den Mehrfachstamm = Fukinagashi-Kabudachi, Höhe ca. 72 cm, Alter ca. 85 Jahre

Chinesischer Wacholder, Juniperus chinensis, kriechende Form - Netsuranari, Höhe ca. 65 cm, Alter ca. 25 Jahre

Sicheltanne - Cryptomeria japonica, Zwillingsstamm - Sokan, Höhe ca. 65 cm, Alter ca. 35 Jahre

Zelkove, Zelkova serrata, Waldform - Yose-ue, Höhe ca. 60 cm, Alter ca. 5-25 Jahre

Bonsai-Wälder

In einem Bonsai-Wald sind Einzelbäume so einander zugeordnet, daß sie wie eine geschlossene Baumgruppe wirken.

Alle Waldformen, die Sie in der Natur finden, können als Bonsai-Wälder nachgestaltet werden. So gibt es dichte, dunkle Tannenwälder, lichte, heitere Laubwälder, windgepeitschte Küstenwälder, kleine Wäldchen auf Hochebenen und viele mehr.

Es gilt, verschiedene Perspektiven herauszuarbeiten; einige Bonsai-Wälder erscheinen ganz nah wie in Großaufnahme, andere weisen in die Tiefe, wieder andere, Küstenwälder zum Beispiel, sind schmal und langgezogen. Auch Alter, Form und Zustand der Bäume sind Charakteristika.

Sie haben viele Gestaltungsmöglichkeiten, da die Natur sehr viele Vorlagen bietet. Ein Bonsai-Wald gelingt erst dann, wenn Sie die besondere Stimmung einfangen können, die jedem Wald eigen ist. Sie schaffen es, diese Atmosphäre wiederzugeben, wenn Sie bei der Gestaltung ein paar Regeln beachten. Bonsai-Wälder sind ideal für Anfänger, die ihren Blick für Baum- und Waldformen in der Natur geschärft haben. Sie machen von Anfang an Freude, denn das Wäldchen ist schnell gepflanzt und „fertig". Sie müssen nicht Jahre an seiner Vollendung arbeiten und können Ihre Schöpfung jederzeit nachträglich korrigieren, indem Sie Einzelbäume entfernen, auswechseln oder innerhalb der Gruppe versetzen. Da Sie junge, 2–8jährige Pflanzen brauchen, ist auch das Ausgangsmaterial sehr preisgünstig.

Sie können es in Wäldern selbst sammeln. Wie bei den Einzelbonsai sollten Sie kleinblättrige Pflanzen bevorzugen und Arten, die einen starken Wurzelschnitt vertragen. Dieser ist oft nötig, da die Gruppen in sehr flache Schalen gepflanzt werden.

Achten Sie darauf, daß Ihre Pflänzchen möglichst von der gleichen Mutterpflanze stammen; dann haben sie bedingt durch die gemeinsamen Erbanlagen gleiche Blattgröße, gleiche Blattfarbe und gleiches Längenwachstum. Ihre Baumgruppe wirkt dadurch einheitlicher und gewinnt an Harmonie.

Es ist einfacher, sich das Bonsai-Material in Forstbaumschulen zu besorgen; dort erhalten Sie Sämlinge in großer Auswahl.

Mischwälder sehen zwar reizvoll aus, können aber mit der Zeit bei der Pflege Probleme hervorrufen, da Wachstum und Lebensbedingungen der einzelnen Bäume sehr unterschiedlich sind und sich die Bäume in ihrer Entwicklung gegenseitig stören können.

Deshalb ist es besser, eine Pflanzenart allein für einen Bonsai-Wald auszuwählen; sehr geeignet für Gruppenpflanzungen sind:

Ahornarten, Bambus, Buchen, Fichten, Hainbuchen, Igelwacholder, Lärchen, Sicheltannen, Stewartien, Ulmen, Zypressen.

Die beste Pflanzzeit ist Anfang Frühjahr, bevor sich die Knospen öffnen, denn dann vertragen die Pflänzchen einen kräftigen Wurzelschnitt noch am besten. Aber Sie können Ihr Wäldchen auch im frühen Herbst pflanzen, wenn die Wurzeln nur mäßig zurückgeschnitten werden müssen.

Die Erdmischung für Ihren Bonsai-Wald ist die gleiche, die sich für Einzelbonsai dieser Pflanzenart bewährt hat.

Bevor Sie mit Ihrer Pflanzung beginnen, fertigen Sie sich eine Skizze an, in der Sie den Standort der einzelnen Bäume festlegen. Bei der Gestaltung einer

2-5jährige Buchensämlinge werden hier für eine Gruppenpflanzung vorbereitet. Die Wurzeln werden um 2/3 gekürzt

Um ein leichtes Gruppieren zu ermöglichen, werden die Wurzeln mit einer Mischung aus Torf und Lehm umgeben. Mit diesen Kugeln lassen sich die Bäumchen leicht in die gewünschte Position bringen.

Nach dem Auffüllen mit Bonsai-Erde wird Moos aufgelegt oder ausgesät.

Skizze des gepflanzten Buchenwäldchens

natürlich aussehenden Baumgruppe helfen folgende Regeln:
Wählen Sie eine ungerade Zahl von Bäumen aus, wenn Ihre Baumgruppe klein wird. Das hilft, eine Symmetrie zu vermeiden, die sich oft bei Gruppen mit 4, 6, 8 Bäumen ergibt und das Wäldchen unnatürlich erscheinen läßt.

Für einen Bonsai-Wald sollten die Einzelbäume ähnlich placiert werden wie z.B. die Familienmitglieder für ein Gruppenbild um die Jahrhundertwende: der wichtigste Baum, dominierend in Höhe und Stammstärke, der Vater, im Vordergrund, der zweitwichtigste Baum, die Mutter, ihm zugeordnet, und die weniger wichtigen wie Kinder um beide herum. Auf diese Weise wird die Baumgruppe in Untergruppen aufgeteilt, die Ihrem Wäldchen Natürlichkeit und Tiefe geben. Pflanzen Sie alle größeren Bäume nach vorn, die kleineren nach hinten, um eine noch größere Tiefenwirkung zu erreichen. Die Einzelbäume werden beim Pflanzen so gedreht, daß die langen Äste nach außen weisen. Kein Baum darf den anderen verdecken. Bei der Gestaltung einer Baumgruppe ist der freie unbepflanzte Raum genau so wichtig wie die Bäume selbst, denn er macht aus dem Wäldchen eine Landschaft.

Vor der Pflanzung bereiten Sie die Bonsaischalen auf gewohnte Weise vor. Legen Sie über die Abzugslöcher kleine Plastiknetze, füllen Sie dann eine sehr dünne Schicht Kies zur Drainage auf, da die Schalen sehr flach sind, und darauf eine ebenso dünne Schicht Bonsai-Erde.

Pflanzen Sie die Hauptbäume zuerst, dann die anderen.
Schwierigkeiten kann es bei der Befestigung der einzelnen Bäume geben. Abhilfe schaffen diese beiden Methoden:

1. Sie ziehen Draht durch die Abzugslöcher und befestigen die Hauptbäume am Schalenboden. Stehen diese fest, können die Nebenbäume an den Hauptbäumen angebunden werden. Vergessen Sie nicht, den Draht nach etwa einem halben Jahr zu entfernen.
2. Sie formen den Wurzelballen jeder Pflanze mit einem nassen Lehm/Torfgemisch zu einer Kugel und erreichen so Schwere und Standfestigkeit der Bäumchen. Sie können sie jetzt leicht auf ihren Standort stellen.

Nach dem Auffüllen der Zwischenräume mit Bonsai-Erde wird die Erde überall, besonders am Schalenrand angedrückt, Moosstückchen aufgelegt, die Bäumchen gut gewässert und geschützt aufgestellt. Nach 4–6 Wochen kann Ihr Bonsai-Wald allmählich an die Sonne gewöhnt und leicht gedüngt werden.
Die Skizzen auf Seite 29 zeigen Beispiele gelungener Bonsai-Wälder.

Grundriß und Vorderansicht einer Baumgruppe mit 3 Bäumen

Grundriß und Vorderansicht einer Baumgruppe mit 7 Bäumen

Zelkove, Zelkova serrata, Waldform - Yose-ue, Höhe ca. 60 cm, Alter ca. 25 Jahre

Sonnen-Zypresse, Chamaecyparis obtusa, Waldform - Yose-ue, Höhe ca. 58 cm

Miniaturbonsai

Miniaturbonsai sind so klein, daß sie in der Handfläche Platz haben. Sie sollen nicht größer als 8–15 cm werden, und für ihre Aufzucht und Gestaltung gelten mit einigen wenigen Abweichungen die gleichen Regeln wie bei den großen. Sie können die Miniaturbonsai entweder als Wildpflanzen sammeln, aus Stecklingen und Samen ziehen, aus Ablegern züchten oder in Bonsai-Centren erwerben. Bei der Aufzucht von Miniaturbonsai brauchen Sie schon 3–5 Jahre, um das Bäumchen so zu formen, daß es diesen Namen auch verdient. Sie könnten mit 3–5 cm großen Sämlingen beginnen, die Sie immer in Wäldern und Parks am Fuße großer Bäume finden. Manche dieser winzigen Ableger zeigen schon interessante Formen. Natürlich sollen auch diese Bonsai Miniaturausgaben ihrer Originale sein und keine grotesk verformten Zwerge.

Blütenkirsche, Prunus serrulata, Höhe ca. 12 cm, Alter ca. 8 Jahre

Sie werden eine Zelkowa als Besen gestalten, die Cryptomerien als Säulen, die Kiefern als ganz charakteristische Einzelexemplare.

Gehen Sie am besten im Frühjahr auf die Suche nach geeignetem Pflanzenmaterial. Graben Sie die Pflänzchen vorsichtig aus, ohne die Faserwurzeln zu verletzen, aber entfernen Sie die Pfahlwurzel. Lassen Sie einige Erde an den Wurzeln, wickeln Sie die Miniaturbonsai in spe in feuchtes Moos oder angefeuchtetes Zeitungspapier, damit sie nicht austrocknen. Die Wahl der Schale hängt von Ihrem Geschmack ab; sehr wichtig ist nur ein genügend großes Abzugsloch am Schalenboden. Auch die richtige Erdmischung ist entscheidend für die Überlebenschancen der Pflänzchen. Sie können die bewährten Bonsai-Erdmischungen nehmen, nur sollte die Erde wesentlich feiner sein. Miniaturbonsai und solche, die es werden sollen, müssen mindestens 3mal täglich gegossen werden, im Sommer häufiger, je nach Wärme und Wind, denn die 2–3 Eßlöffel Erde, die sie brauchen, trocknen sehr schnell aus.

Um das Gießen zu vereinfachen, können Sie auch das Bäumchen in Wasser eintauchen, so lange, bis keine Luftblasen mehr aufsteigen. Bei der Gestaltung der Miniaturbonsai ist das Schneiden die wichtigste Technik, denn die Pflänzchen sind zu klein, um viel gedrahtet werden zu können. Zunächst sollten die jungen, von Ihnen gesammelten Bäumchen bis auf 1–2 Knospen heruntergeschnitten werden. Wiederholen Sie diese Maßnahme so lange, bis die Pflanzen interessant zu werden beginnen. Danach sollten manch winzige Zweige zum Wachstum ermutigt, andere dominierende mit den Fingern abgeknipst werden.

Ast- und Wurzelschnitt

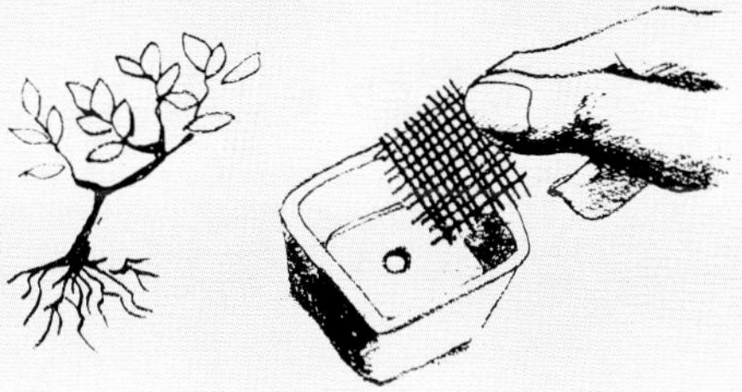

Abdecken des Abzugslochs mit einem Plastiknetz

Einfüllen der Drainage-Schicht

Nach dem Einpflanzen des Bäumchens Andrücken der Erde mit einem Holzstäbchen oder den Fingern

kräftig wässern

Gestaltung einer Moyogi-Form

vor dem 1. Schnitt im Frühjahr

nach dem 1. Schnitt im Herbst des gleichen Jahres

nach dem 2. Frühjahrsschnitt im Herbst des nächsten Jahres

Bäumchen im Herbst des 3. Jahres

Möchten Sie einen Miniaturbonsai mit fallenden Ästen gestalten, so können Sie die Äste mit Kupferdraht umwinden oder aber folgende Methode anwenden: Verschnüren Sie das Gefäß wie ein Paket mit Bindfaden. Dann werden die Zweige so weit wie möglich mit Garn heruntergezogen und diese dann an der Schnur befestigt.

Seien Sie sparsam mit Düngemitteln. Verdünnter Flüssigdünger ist für Miniaturbonsai am besten geeignet. Düngen Sie wie bei den normalen Bonsai vom Spätfrühling bis in den Herbst hinein, und das 1mal pro Woche, sehr wichtig: nach dem Gießen.
Manchmal ist es bei der Winzigkeit Ihrer Pfleglinge am besten, das Düngemittel mit einer Injektionsspritze durch das Abzugsloch am Schalenboden der Pflanze zuzusetzen.
Alle Pflanzen werden nach einiger Zeit ihrer Erde überdrüssig, besonders die Miniaturbonsai, die in 2–3 Eßlöffeln davon wachsen. Sie werden also öfter umgetopft als die großen, wobei die Wurzeln auf ein Drittel zurückgeschnitten werden. Blätter bei großblättrigen Bäumchen sollten um die Hälfte verkürzt werden, damit sie dem neu beschnittenen Wurzelsystem nicht zuviel abverlangen.
Alles Laubwerk muß täglich überbraust werden, und Sie müssen das Pflänzchen zunächst an einen sonnen- und windgeschützten Platz stellen, bis es nach einer Woche etwa wieder an die Sonne gewöhnt werden kann.
Auch für den Standort Ihrer Miniaturbonsai gilt das gleiche wie für die normalen Bonsai.
Sie sehen, Pflegeanleitung und Aufzuchtmethoden sind nicht anders als die der normalen Bonsai. Auch hier ist ein fertiger Bonsai das Ergebnis vieler Jahre an Ausdauer und geduldiger Pflege.

Herunterbinden der Zweige, um herabhängende Äste zu erreichen.

Miniaturbonsai werden zwar nicht ein paar hundert Jahre alt, aber sie können immerhin 3 Generationen bei guter Pflege überdauern.
Manchmal wachsen Ihnen die Miniaturbonsai jedoch trotz aller Sorgfalt davon und können dann zu normal großen Bonsai gestaltet werden.
In Japan ist die Gestaltung von Miniaturbonsai sehr beliebt, und es werden erstaunlich hohe Preise für sie geboten.

Düngung mit einer Injektionsspritze

Miniatur-Bonsai, Höhe 6-12 cm, Alter 6-10 Jahre

Miniatur-Bonsai, Höhe ca. 8-18 cm, Alter ca. 8-15 Jahre

Eine kleine Auswahl an Miniatur-Bonsai-Schalen in der Größe von 4 cm bis 15 cm

Miniatur-Bonsai, auf einem japanischen Bonsai-Gestell reizvoll angeordnet. Die Laubbäume sind ca. 25 Jahre, die Nadelbäume ca. 30-45 Jahre alt.

Bonsai-Aufzucht

Unter Bonsai-Aufzucht versteht man das Entwickeln eines Bonsai aus geeignetem „Rohmaterial". Die meisten Pflanzen, vor allem Bäume und Sträucher, die in unseren Breiten gedeihen, können Sie zu Miniaturbäumchen gestalten. Doch hierbei sollten Sie Arten bevorzugen, die schon von Natur aus kleines Blattwerk, kleine Blüten und einen kompakten Wuchs haben. Eine Auswahl beliebter Bonsai-Arten ist in der Tabelle auf Seite 118 aufgezählt.
Bei der Aufzucht von Bonsai werden die üblichen Pflanzenvermehrungsmethoden angewandt. Außerdem können geeignete Pflanzen in der Natur gesammelt oder in einer Baumschule gekauft werden.

Bild links:
Bonsai-Vorbilder in der Natur, ein Birnbaum in der Umgebung Heidelbergs.

Bonsai aus Samen

Aus Samen lassen sich sehr schöne Bonsai heranziehen, vorausgesetzt, Sie bringen die nötige Geduld auf, um 5–7 Jahre zu warten, bis sich die typische Bonsaiform herausbildet. Eine Entwicklung der Miniaturbäume bei Sämlingen kann von Anfang an miterlebt und in der gewünschten Weise beeinflußt werden. Fast alle Pflanzen können aus Samen gezogen werden. Besonders beliebt sind bei den Nadelgehölzen: Ajanfichten, Cryptomerien, Lärchen, Mädchenkiefern, Schwarzkiefern; und bei den Laubgehölzen: Ahornarten, Birken, Feuerdorn, Ginkgo, Granatäpfel, Hainbuchen, Kerbbuchen, Zelkowen. Viele dieser Samenarten können Sie in der Natur sammeln oder als „Bonsai-Samen" abgepackt auch kaufen. Lassen Sie sich durch die Bonsai-Fotos auf den Tütchen nicht darüber hinwegtäuschen: die Gestaltung des Bäumchens bleibt Ihre Aufgabe. Sie erhalten in jedem Fall nur das Ausgangsmaterial.
Die Aussaat kann im Frühjahr und im Herbst erfolgen. Jede Aussaat muß frostfrei aufgestellt werden. Bei manchen Samenarten sollte vor dem Aussäen die Außenhaut der Samen aufgebrochen werden, um ein schnelles und sicheres Keimen zu gewährleisten. Um dies zu erreichen, legen Sie vor der Aussaat den Samen 1–2 Tage ins Wasser. Keimfähiger Samen ist schwerer und sinkt deshalb auf den Boden, während unfruchtbarer Samen auf der Wasseroberfläche bleibt und aussortiert werden kann.
Samen von Nadelgehölzen brauchen in der Regel zwei bis vier Monate zum Keimen, während Laubgehölze schon nach ein bis zwei Monaten die ersten Triebe zeigen.
Sie nehmen ein ca. 10 cm hohes Gefäß aus Ton, Keramik, Holz oder auch PVC. Um das Aus-

schwemmen der Erde zu verhindern, werden die Abzugslöcher vor dem Einfüllen der Erde mit einem Plastiknetz abgedeckt. In dieses Gefäß kommt nun eine ca. 2 cm starke Drainageschicht aus grobem Kies, darauf die vorbereitete, gesiebte Erde (je ein Teil Torf und ein Teil Sand oder auch reines TKS 1) bis ungefähr 2 cm unter den Gefäßrand. Auf diese Erde wird nun der Samen ausgelegt oder bei sehr feinen Samen direkt aus der Tüte gesät. Nach der Aussaat wird der Samen mit der gleichen Erde oder auch nur mit Sand abgedeckt. Diese Deckschicht sollte je nach Samenstärke 0,5–1 cm stark sein. Dann wird die Erde mit einem Brettchen etwas angedrückt und mit einer feinen Brause, die das Ausspülen der Erde verhindert, gut angegossen. Decken Sie die Saatkiste mit einer Glasscheibe ab, stellen Sie das Saatgefäß an einen windgeschützten, leicht schattierten Platz und halten Sie Ihre Sämereien immer feucht. Sobald sich die ersten Keime zeigen, legen Sie unter die Glasscheibe Holz, damit frische Luft an die jungen Sämlinge kommt. Diese Glasscheibe wird ganz entfernt, wenn das erste Blatt erscheint; dann kann auch mit einer leichten Flüssigdüngung begonnen werden (die Hälfte der in den Gebrauchsanweisungen angegebenen Menge), die Sie etwa alle 3 Wochen wiederholen.
Ist der Sämling ungefähr 15–20 cm groß, so kann mit den ersten Eingriffen begonnen werden, siehe Seite 42.

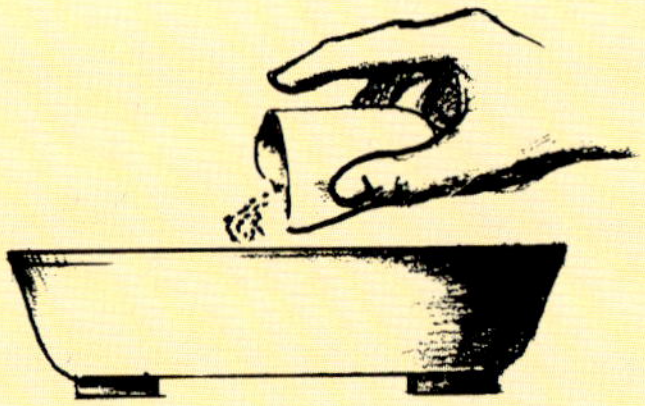

Aussäen

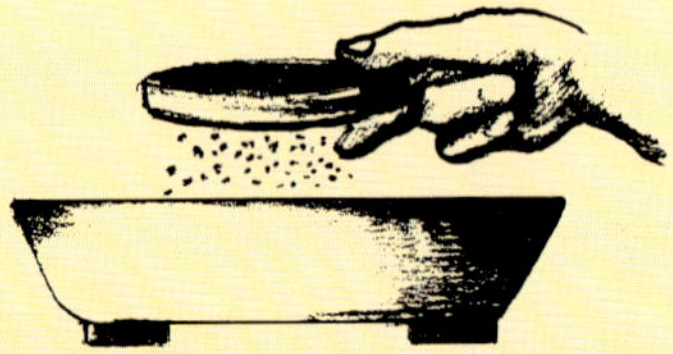

mit Sand oder Erde abdecken

mit einem Brettchen andrücken

kräftig angießen

Bonsai aus Stecklingen

Die meisten Pflanzenarten können auch durch Stecklinge vermehrt werden.

Die Bonsai-Aufzucht aus Stecklingen erfordert weniger Geduld als die Aufzucht aus Samen. Zudem bilden Stecklinge von Anfang an einen gleichmäßigen Wurzelballen aus, während Sämlinge Pfahlwurzeln entwickeln. Diese müssen zurückgeschnitten werden, damit die Pflänzchen dann ein kompakteres Wurzelwerk ausbilden können.

Als Stecklinge haben sich in der Bonsai-Aufzucht bei den Nadelgehölzen: Ajanfichten, Cryptomerien, Cypressen, Eiben, Fichten, Wacholder und bei den Laubgehölzen: Azaleen, Ahornarten, Cotoneaster, Granatäpfel, Jasmin, Ölbäume, Quitten, Weiden, Ulmen, Zelkowen und Rhododendren besonders gut bewährt.

Stecklinge werden nur von gesunden Mutterpflanzen abgenommen, sollten mindestens 8–10 cm lang sein und können mit einem scharfen Messer unterhalb eines Blattansatzes schräg abgeschnitten werden.

Laubabwerfende Gehölze schneiden Sie erst dann, wenn die jungen Triebe ausgereift sind, am besten im Juni; immergrüne Gehölze später, etwa ab Juli.

Um die Bewurzelung zu beschleunigen, können Sie den Steckling in ein Wachstumshormon wie z.B. Wurzelfix tauchen. Wenn Sie ungefähr ein Drittel der Blätter oder Nadeln einkürzen, verringern Sie die Verdunstung und vermeiden dadurch ein Einschrumpfen oder gar ein Absterben des Pflänzchens. Alle Blätter an dem Teil des Stammes, der in die Erde kommt,müssen entfernt werden. Den so präparierten Steckling stecken Sie in ein wie beim Sämling vorbereitetes Gefäß in die gleiche Erde etwas schräg und nicht tiefer als 3 cm. Drücken Sie

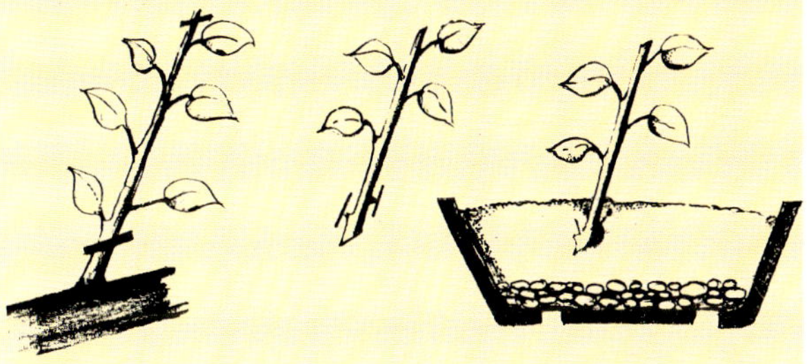

Steckling von der Mutterpflanze abtrennen, Triebspitze entfernen. — *Untere Blätter entfernen.* — *In vorbereitetes Gefäß stecken und kräftig angießen.*

dann die Erde um den Steckling mit den Fingern ein wenig an, damit er nicht beim Angießen umgedrückt werden kann. Achten Sie auf einen genügenden Abstand zwischen den Pflänzchen. Die Blätter dürfen sich nicht berühren. Wenn die Stecklinge eingepflanzt und kräftig angegossen sind, kommt die Schale an einen windgeschützten und schattierten Platz. Denken Sie daran, daß die Stecklinge in der ersten Woche mehrmals täglich leicht überbraust werden müssen, später weniger. Wenn Sie die Stecklinge mit einer Plastikfolie abdecken, wird die Verdunstung reduziert, und Sie müssen dann weniger gießen. Nach 1–8 Monaten haben alle Stecklinge genügend Wurzeln ausgebildet, Zelkowen schon nach etwa 4 Wochen, Wacholder nach 6–8 Monaten.

Sie können jetzt mit der Düngung beginnen und die Pflanzen gleichzeitig langsam an die Sonne gewöhnen.

Bonsai-Gestaltung bei Jungpflanzen

Grundsätzlich gilt: Je früher mit der Gestaltung einer jungen Pflanze begonnen wird, desto weniger drastische Eingriffe sind später nötig.

Wenn ein Sämling oder Steckling eine Höhe von 15-20 cm erreicht hat und kräftig genug ist, kann er verpflanzt werden. Entfernen Sie zunächst vorsichtig die Erde von den Wurzeln und schneiden Sie dann die Wurzeln um $^1/_3$ der Gesamtlänge zurück. Es ist sehr wichtig, daß die Wurzeln beim Einpflanzen in ein ausreichend großes Gefäß flachliegend und gleichmäßig nach allen Seiten hin verteilt werden. Wie auf Seite 64 beschrieben, entsteht bei einem guten Bonsai der Eindruck, daß er sicher steht und fest in der Erde wurzelt. Das kann er nur, wenn die sichtbaren Wurzeln nach allen Seiten hin wachsen. Sie können zwar verschieden stark sein und auch einen unterschiedlich großen Abstand voneinander haben, aber sie dürfen sich nicht überkreuzen. Haben Sie Geduld bei der Gestaltung des Stammansatzes, denn in diesem für die Gesamterscheinung Ihres Bäumchens so wichtigen Bereich können Sie später nur wenig korrigieren. Pfahlwurzeln, die z.B. Kiefern und Wacholder ausbilden, stören bei der Verteilung der Wurzeln und sollten, wenn genügend Faserwurzeln vorhanden sind, ganz entfernt werden. Hat die Jungpflanze aber nur wenig Wurzelwerk ausgebildet, können auch sie nur bis auf $^2/_3$ zurückgeschnitten werden.

Die Erdmischung für Ihr Bäumchen besteht aus einem Teil grobem Sand und einem Teil Torf oder aus TKS 1. Nach einigen Wochen Aufenthalt an einem geschützten, leicht schattierten Platz kann es an die Sonne gewöhnt und etwa nach 6 Wochen zum ersten Mal gedüngt werden.

Die beste Zeit für ein Umtopfen ist das Frühjahr.

Ein Fächerahorn nach 4, 6, 8 und 15 Jahren

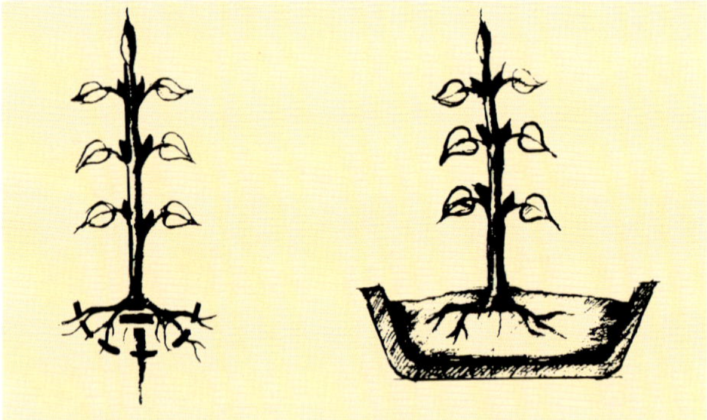

Wurzelschnitt bei Jungpflanzen. Pfahlwurzel wird entfernt.

Die Wurzeln werden beim Eintopfen gleichmäßig nach allen Seiten verteilt.

Jungpflanzen sollten alle 2 Jahre verpflanzt werden und können allmählich an Bonsai-Erde gewöhnt werden. Die Bonsaiformen erreichen Sie durch Schneiden und Drahten. Bevor Sie mit dem Gestalten beginnen, sollten Sie wissen, wie Ihr Miniaturbaum einmal aussehen soll.

Das Frühjahr ist die richtige Zeit für das Schneiden, mit dem Sie meistens erst im zweiten Jahr beginnen können; alle Knospen und Triebe, die in eine unerwünschte Richtung wachsen, werden entfernt. Knospen werden abgezupft, Triebe mit einer scharfen Schere jeweils oberhalb eines Blattansatzes abgeschnitten.

Gestaltung einer Besenform

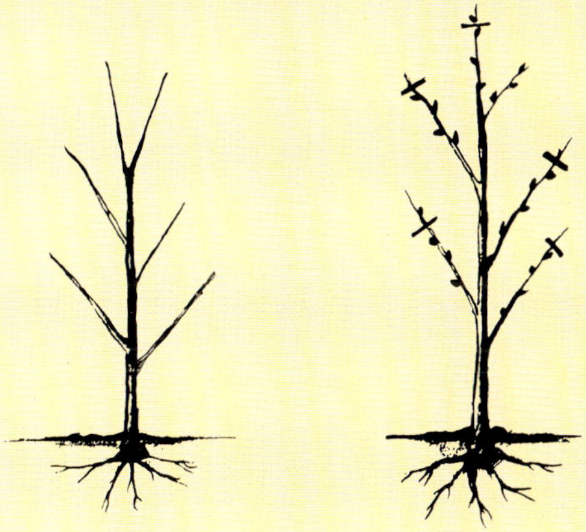

Wenn Sie den Haupttrieb, die Spitze der Pflanze, entfernen, entwickeln sich mehr Seitentriebe. Noch kompakter im Wuchs wird die Pflanze, wenn Sie nicht nur den Haupttrieb, sondern alle Triebe regelmäßig stutzen.

Die meisten Laubbäume können ohne Drahten gestaltet werden, da die Wuchsrichtung der Seitentriebe durch einen richtigen Schnitt bestimmt werden kann. Jede Knospe zeigt mit ihrer Spitze in die Richtung, in die ein neues Ästchen (in einer winzigen schlafenden Knospe dem Betrachter noch verborgen) wachsen würde, wenn oberhalb dieser Knospe der Ast abgeschnitten wird.

Allmählich gewinnt das Bäumchen an Gestalt, und Sie können erkennen, wieviel Formen für es möglich sind. Allgemeine Hinweise finden Sie in den Zeichnungen auf Seite 18. Eine Hilfe für die Moyogi-Form geben die Zeichnungen auf Seite 34. Möchten Sie aber eine Besenform gestalten, so entfernen Sie den Haupttrieb erst dann, wenn Ihr Bäumchen die erwünschte Stammhöhe erreicht hat, denn mit diesem Schnitt legen Sie die Höhe des Stammes endgültig fest. Jetzt können zunächst alle Seitentriebe sich gleichmäßig entfalten. Das bewirkt, daß das Stämmchen an Stärke zunimmt. In den folgenden Jahren entwickelt sich die Baumkrone durch ständiges Zurückschneiden neuer Triebe.

Nach 3-4 Jahren können Stamm und Hauptäste bereits gedrahtet werden. Das ist bei Nadelgehölzen oft unerläßlich.

Nach 5-6 Jahren wird die Jungpflanze, aus der inzwischen ein kleines Bäumchen geworden ist, in eine Bonsai-Schale gepflanzt.

Dreispitz-Ahorn - Acer buergerianum in einer antiken chinesischen Schale. Dieser ca. 35jährige Baum ist ein besonders schön gestaltetes Exemplar aus der Bonsai-Sammlung des Autors.

Dieses Foto zeigt einen Stamm-Ausschnitt des Dreispitz-Ahorn (siehe linke Seite)

Bonsai durch Veredelung

Die Veredelung hat bei der Aufzucht von Bonsai viele Vorteile. Sie kommen mit dieser Methode rascher zu gestaltungsfähigem Pflanzenmaterial als durch Aussaat oder Stecklinge. Sie brauchen das Veredeln nicht Fachleuten zu überlassen, sollten aber Fachliteratur zu Rate ziehen, da im Rahmen dieses Buches die vielen Möglichkeiten dieser Technik nicht erläutert werden können. Auf alle Fälle können Sie durch Veredeln nicht nur Bonsai aufziehen, sondern auch ihre Gestalt verändern und vervollkommnen wie durch Einsetzen neuer Äste und sogar Wurzeln, siehe Zeichnung.

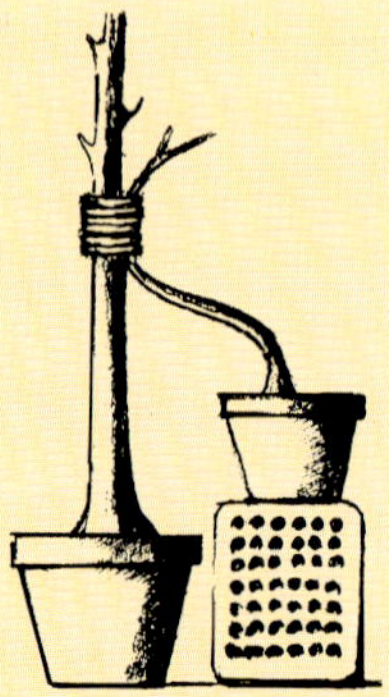

Ein neuer Ast wird angeplattet

Abmoosstellen an einer Mutterpflanze

Bonsai durch Abmoosen

Besonders schöne Äste und Zweige von Bäumen und Sträuchern lassen sich durch Abmoosen zur Wurzelbildung bringen; diese Vermehrungsmethode hat den Vorteil, daß mit der Gestaltung schon an der Mutterpflanze begonnen werden kann. Die Äste sollten nicht stärker als 3–5 cm im Durchmesser sein, da bei dickeren Ästen weniger Aussicht auf Wurzelbildung besteht.

Pflanzen, die sich leicht abmoosen lassen, sind:
alle Ahornarten, Azaleen, Buchen, Cryptomerien, Fichten, Forsythien, Feuerdorn, Granatäpfel, Glyzinien, Kamelien, Quitten, Rhododendren, Ulmen, Wacholder, Weiden, Zelkowen.

Im Frühjahr (April) wird der zum Abmoosen bestimmte Ast mit einem von unten nach oben ca. 3–5 cm langen Zungenschnitt gespalten. Auf diesen Spalt können Sie nun einen Wuchsstoff (Wurzelfix) streichen, der die Pflanze verstärkt zur Wurzelbildung anregt. In den Spalt klemmen Sie ein wenig Moos oder ein kleines Steinchen, damit die Zunge nicht mehr anwachsen kann. Umgeben Sie das Ganze mit einer Handvoll feuchtem Sphagnummoos oder Torf. Um dieses Moos wickeln Sie ein Stück Plastikfolie und verschließen die Enden luftdicht mit Isolierband.

In vielen Fällen erfolgt die Bewurzelung – bei Weiden und Liguster zum Beispiel – schon nach 6 Wochen. Rhododendren und Buchen benötigen ungefähr die doppelte Zeit. Bei Nadelhölzern müssen Sie sich mindestens 12–24 Monate gedulden, bis die ersten Wurzeln sichtbar werden.

Wenn sich genügend Wurzeln gebildet haben, können Sie die neue Pflanze abschneiden und nach Entfernen der Plastikfolie eintopfen. Sie wird weiterbehandelt wie ein neu eingetopfter Bonsai.

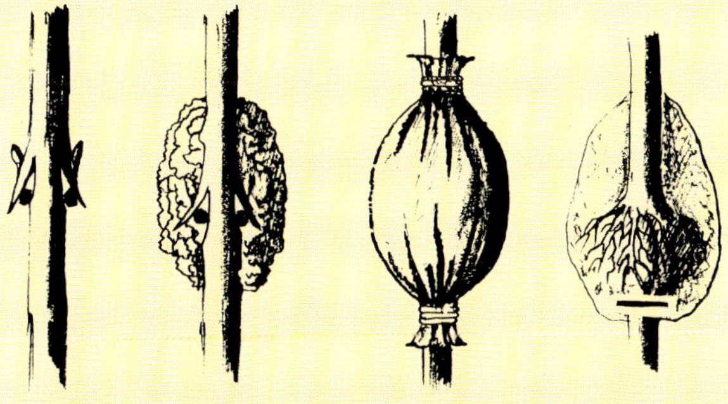

Zungenschnitt mit eingeklemmten Steinchen – *Die Abmoosstelle wird mit feuchtem Moos bedeckt und* – *mit Plastikfolie umwickelt.* – *Nach erfolgter Wurzelbildung kann der Ast von der Mutterpflanze abgetrennt werden.*

Bonsai durch Absenken und Anhäufeln

Im Gegensatz zum Abmoosen können Bonsai durch Absenken zwar bei den meisten Sträuchern, aber nur bei Bäumen mit tiefhängenden Ästen gewonnen werden wie z.B. bei Magnolien, Kiefern, Forsythien, Weigelien, Felsenbirnen.

Der Ast wird heruntergebogen, von Blättern und Nadeln an der Stelle befreit, die später in die Erde gelegt wird. Zunächst wird dieser Teil mit 1–2 Längsschnitten von etwa 4 Zentimetern an der Unterseite versehen, damit sich hier leichter Wurzeln bilden können. Dann graben Sie den so vorbereiteten Ast ca. 10 cm in die Erde ein und halten die Erde an dieser Stelle ständig feucht. Nach erfolgter Bewurzelung wird der Absenker von der Mutterpflanze abgeschnitten.

Bewurzelte Jungpflanzen von Sträuchern können durch Anhäufeln mit Erde oder Torf gewonnen werden.

Jungpflanzen durch Ablegen und Absenken.

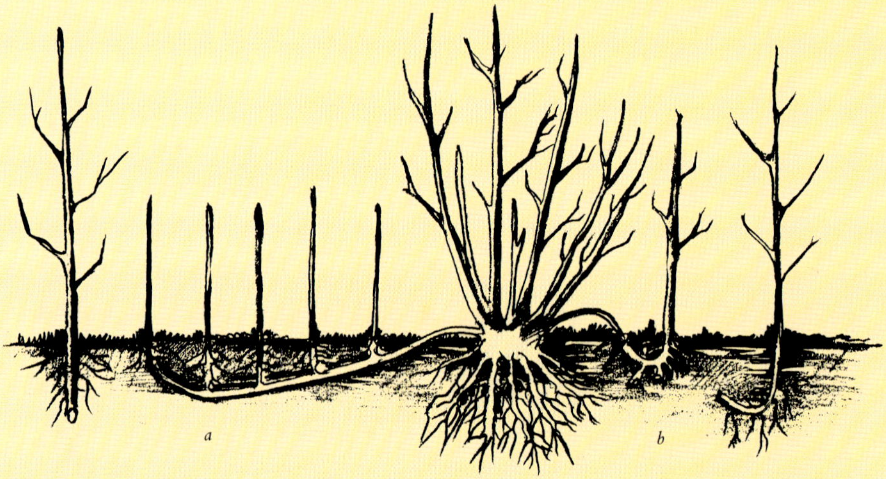

Beim Ablegen (a) werden die Triebe waagrecht auf den Boden gelegt und mit Erde bedeckt. Die sich bildenden Jungpflanzen entwickeln gerade Wurzelenden.
Beim Absenken (b) werden die Triebe in den Erdboden gesenkt, dort gedreht und mit einem Haken in dieser Stellung befestigt. Das Zweigende wird aufwärtsgerichtet. Bei dieser Vermehrungsart entstehen Jungpflanzen mit bogenförmigen Wurzelenden.

Bonsai durch Sammeln
Pflanzen, die sich als Bonsai eignen, können in Wäldern und im Gebirge gesammelt werden. Bevor Sie mit dem Ausgraben beginnen, sollten Sie die Erlaubnis der zuständigen Behörde oder des Besitzers eingeholt haben. Die besten Aussichten auf einen Erfolg beim Umpflanzen haben Sie, wenn der Sammelausflug Anfang Frühjahr unternommen und die mit möglichst viel Wurzelwerk und Erde ausgegrabenen Pflanzen zunächst in ein großes Gefäß oder in den Garten gepflanzt werden. Nach 1–2 Jahren kann dann fürs Eintopfen ein kleineres Pflanzgefäß verwendet und mit der Gestaltung begonnen werden.

Bonsai aus Baumschulpflanzen
Gesunde und kräftige Pflanzen mit einem guten Wurzelballen können in Baumschulen und Gartencentern erworben werden. Auf Seite 118 finden Sie eine Tabelle der Pflanzen, die sich besonders gut als Bonsaimaterial eignen. Bei der Auswahl sollten Sie bereits die zukünftige Form mit in Betracht ziehen. Mit dem Gestalten und dem Einpflanzen in eine Bonsaischale kann in den meisten Fällen sofort begonnen werden. Die beste Zeit für das Einpflanzen ist das frühe Frühjahr. Das Schneiden und Drahten kann bis in den Sommer bzw. den Herbst hinein vorgenommen werden.

a

b

Gestaltung eines Bonsai aus einer Baumschulpflanze

a) Juniperus communis „Monarch", eine 4jährige Wacholderpflanze.

b) Stamm und Äste werden ausgeputzt.

c) Stamm und Äste werden gedrahtet und in die gewünschte Richtung gebogen.

d) der junge Bonsai wird in eine passende Schale eingepflanzt, und die Erdoberfläche mit Moos bedeckt.

c

d

Bonsai-Kauf

Wenn Sie sich die Mühe der Aufzucht sparen wollen, kaufen Sie sich gestaltete Bonsai, die bei uns in großer Auswahl und verschiedener Qualität angeboten werden. Sie stammen fast alle aus Japan und China. Das Angebot des Fachhandels ist breit gefächert. Es reicht von jungen Bäumchen, die gerade die ersten Formungseingriffe erfahren haben, über halbfertige Bonsai bis zu Meisterwerken der Bonsaikunst. Nadelgehölze sind ebenso vertreten wie immergrüne Bäume, Laubgehölze und blühende Arten.

Bonsai werden in letzter Zeit immer mit Erde und meist auch im Pflanzgefäß importiert. Dennoch sollten Sie beim Kauf prüfen, ob der Bonsai gut eingewurzelt ist. Eine feste, kompakte Erdoberfläche und eine durchgehende Moosschicht lassen darauf schließen, daß die Pflanze schon längere Zeit eingepflanzt ist, es sei denn, das Bäumchen wurde gerade umgetopft. Außerdem sieht ein gesunder Bonsai wie ein schöner, kräftiger kleiner Baum aus, dessen Laub der Pflanzenart und Jahreszeit entsprechend intensiv gefärbt ist.

Lassen Sie sich beim Kauf Ihres Bäumchens nicht durch sein angegebenes Alter beeinflussen. Viel wichtiger für seinen Wert ist eine natürliche Gestaltung.

Chinesischer Wacholder, Juniperus chinensis, Höhe ca. 40 cm, Alter ca. 15 Jahre

a) *Zelkova serrata ca. 10 Jahre*
b) *Pinus parviflora ca. 12 Jahre*
c) *Juniperus chinensis ca. 8 Jahre*
d) *Juniperus chinensis ca. 15 Jahre*

Abbildungen Rechts:
Eine kleine Auswahl preiswerter Standard-Bonsai.

Zelkove, Zelkova serrata, Höhe ca. 15 cm, Alter ca. 8 Jahre

Aprikose, Prunus mume, Höhe ca. 40 cm, Alter ca. 15 Jahre

Roter Fächerahorn, Acer palmatum atropurpurea, Höhe ca. 40 cm, Alter ca. 10 Jahre

Zierapfel, Malus pumila, Höhe ca. 30 cm, Alter ca. 12 Jahre

Bonsai-Gestaltung

Das Ziel der Bonsai-Gestaltung ist es, aus der Jungpflanze oder dem Rohling einen guten Bonsai zu formen. Die jahrhundertealte Bonsai-Tradition der Japaner ist dabei ein Vorbild, das zur Nachahmung anregt.

Nichts hindert jedoch den europäischen Züchter daran, eigene Wege zu gehen und neue Formen und Typen zu entwickeln, die seinen Vorstellungen entsprechen. Eine Grundregel der japanischen Meister sollte jedoch beachtet werden:

Der Bonsai muß natürlich aussehen, das heißt, die Wuchsform in der freien Natur darf nicht aus den Augen verloren werden. Ein Bonsai will das Typische eines normalen Baumes nachgestalten. Manche Bonsai-Freunde sammeln Fotos oder zeichnen Skizzen von Bäumen oder Baumgruppen, die ihnen als Vorlage für die Formung ihrer Bonsai dienen. Weitere Anregungen bieten Bonsai-Ausstellungen, Bonsai-Bücher und Bonsai-Kurse, die schon regelmäßig in einigen Städten abgehalten werden.

Weil die Natur immer das Vorbild der Bonsai-Gestaltung bleibt, kann man nicht von einer unnatürlichen Dressur sprechen, wie wir sie von den zurechtgetrimmten Hecken und Bäumen bestimmter Gartenformen, etwa der Renaissance- oder Barockgärten her kennen. Die Bonsai-Gestaltung will den Pflanzen nicht eine künstliche Form aufzwingen. Deshalb eignen sich z.B. aufrecht wachsende Ulmen und Zypressen nicht für die Kaskadenform, für die Sie Kiefern und Wacholder verwenden können.

Für das Miniaturwachstum einer Pflanze sind 2 Faktoren entscheidend: erstens die Größe des Pflanzgefäßes, das die Wurzelbildung und dadurch die Nahrungsaufnahme einschränkt, zweitens das ständige Zurückschneiden der Äste, Zweige und Wurzeln, das Abknipsen der Triebe und Knospen. Es gibt Miniaturformen von Pflanzen auch in der Natur, zum Beispiel im Hochgebirge. Dort sind es ebenfalls Umwelteinflüsse, die den Kleinwuchs verursachen. Dabei wirken diese Pflanzen natürlich, kräftig und gesund.

Im folgenden wird dargestellt, wie man auf die Gestalt eines Bonsai einwirken kann. Wichtig ist die Wahl des Pflanzgefäßes sowie das Schneiden und Formen. Drahten und andere Korrekturhilfen sind weitere Möglichkeiten, die Form eines Bonsai zu beeinflussen.

Diese Ajanfichte, Picea jezoensis, wurde vor ca. 50 Jahren in der Nähe Hokkaidos gefunden und seitdem als Bonsai weitergestaltet. Er dürfte über 150 Jahre alt sein und ist 75 cm hoch.

Pflanzgefäße

Bei einem guten Bonsai haben Wurzeln, Stamm, Zweige und Blätter die richtige Proportion. Das Bäumchen, die Erdoberfläche, die mit Moos oder kleinen Gräsern bewachsen ist, und das Pflanzgefäß sind fein aufeinander abgestimmt.

Aufrecht wachsende Bonsai werden in flache, rechteckige oder ovale Schalen gepflanzt. Die geneigte Form wie die „Kaskade" braucht als Ausgleich und Gegengewicht eine tiefe, runde oder quadratische Schale. Ebenso muß die Schalenform der Gesamtgestalt der Pflanze entsprechen. Ein Baum mit einer dichten, schwer wirkenden Krone verlangt ein gewichtiges Pflanzgefäß. Auch die Farbe sollte passend gewählt werden. Blühende Pflanzenarten und solche mit Blättern von lichtem Grün harmonisieren mit hellfarbigen und glasierten Schalen. Dunkles Laub findet seine Entsprechung im dunklen Rot-, Grau- oder Braunton des Pflanzgefäßes. Die Größe der Schale wird so ausgesucht, daß die Seitenlänge beim Einzelbonsai ungefähr 2 Dritteln der Gesamthöhe des Baumes entspricht. Bei Gruppenpflanzen sind es etwa 2 Drittel der Höhe des größten Baumes.

Für das Gelingen der Wahl des Pflanzgefäßes ist es hilfreich, wenn Sie Ihr Geschmacksurteil und Formgefühl an gelungenen Beispielen der Bonsaikunst schulen.

Die Bonsaischalen, die im Fachhandel angeboten werden, kommen in der Regel aus Japan und China. Dabei handelt es sich um eine ausreichend große Auswahl von Gefäßen in verschiedenen Formen, Farben und Größen. Es kann zeitraubend und schwierig sein, bis Sie die passende Schale gefunden haben. Der Aufwand lohnt sich in jedem Fall.

Glasierte Schalen

Unglasierte Schalen

Besonders schöne, handsignierte Schalen aus Tokoname, Japan

Antike chinesische Bonsai-Schalen

Schneiden

Die wichtigste Gestaltungstechnik für Bonsai ist das Schneiden.
Mit dem Schneiden der Äste erreichen Sie die Grundgestalt Ihres Bonsai, die Sie eventuell mit anderen Methoden wie Drahten noch verbessern können.
Der regelmäßige Formschnitt bezeichnet das Ausputzen kleiner Zweige und das Entfernen von Knospen und neuen Trieben, eine Arbeit also, die Sie immer wieder vornehmen werden, um die erreichte Gestalt Ihres Bonsai zu erhalten und weiter zu verfeinern. Als Werkzeuge hierfür benötigen Sie eine kräftige und eine feine, scharfe Schere; für dickere Äste eine kleine Säge.
Mit Bonsai-Spezialscheren läßt sich jede Stelle der Pflanze erreichen und bearbeiten. Das Schneiden der Äste und der Formschnitt erfordern ein wenig Geschick. Aber Geduld und die Bereitschaft zum Lernen führen bestimmt zu einem guten Ergebnis.
Die Tabelle auf Seite 118 gibt Ihnen den richtigen Zeitpunkt und die Häufigkeit der Eingriffe bei den gängigen Bonsai-Arten an.

Alle gestrichelten Äste werden entfernt.

Bonsai vor und nach dem Astschnitt.

Das Schneiden der Äste

Wenn Sie eine Pflanze, einen Findling etwa oder eine Baumschulpflanze, zum Bonsai formen wollen, sollten Sie auch hier schon eine Vorstellung von der zukünftigen Gestalt haben.
Grundsätzlich werden gegenüberstehende, nach vorn, direkt übereinander und auf gleicher Höhe wachsende Äste direkt am Stamm entfernt. Die betreffenden Äste sind auf der Abbildung durch Strichelung gekennzeichnet. Ebenso schneidet man Seitenäste, die senkrecht nach oben oder nach unten wachsen, bzw. den Stamm kreuzen.
Der Schnitt sollte glatt oder leicht konkav sein, damit die Wunde gut abheilt. Für den Konkavschnitt gibt es eine Spezialzange.

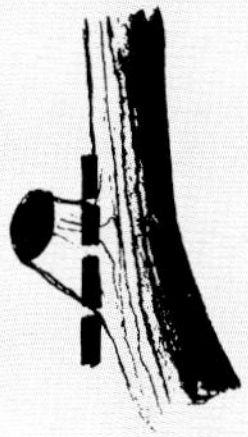

Ein starker Ast muß mit einer Säge entfernt werden.

Damit die Schnittstelle später besser vernarbt, wird sie mit einem Stemmeisen etwas ausgehöhlt und mit Baumwachs zugestrichen.

Nach einem groben Schnitt wird der Aststumpf ganz dicht am Stamm abgesägt.

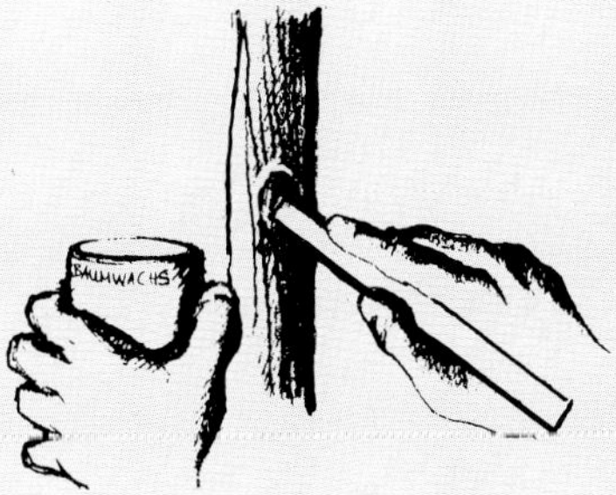

Schneiden der Triebe - Formschnitt

Wenn Sie die Zweige und Triebe eines Bonsai sich frei entfalten lassen, so würde die Baumkrone bald aus der Form geraten und zu dicht werden. Ein Bonsai muß deshalb regelmäßig gestutzt werden, um die richtige Proportion zwischen Wurzeln, Stamm und Krone herzustellen und eine Reduzierung des Größenwachstums zu erreichen. Nach einem guten Formschnitt wirkt die Baumkrone locker.

Zweige, die zu lang geworden, zu dicht, in eine unerwünschte Richtung gewachsen oder verdorrt sind, werden abgeschnitten. Knospen oder junge Triebe müssen regelmäßig gekürzt bzw. entfernt werden. Die Häufigkeit des Formschnitts richtet sich nach der jeweiligen Pflanzenart. Manche Pflanzen treiben nur einmal im Frühjahr aus. Andere Arten verlangen ein wiederholtes Zurückstutzen, weil sie immer wieder neue Triebe ansetzen. Bei Ulmen, Hainbuchen und vielen anderen Laubbäumen, ist das Abzupfen der Triebknospen während der gesamten Wachstumszeit bis in den Herbst hinein nötig.

Die neuen Triebe werden auf 1 bis 2 Blattpaare zurückgeschnitten.

Wenn der Austrieb erfolgt ist, werden die neuen Triebe abgezupft oder zurückgeschnitten. Die Abbildung auf Seite 56 zeigt die Schnittstellen oberhalb des ersten Blattansatzes. Wenn die Form des Bonsai es erfordert, ist der Schnitt auch oberhalb des zweiten oder dritten Blattansatzes möglich.

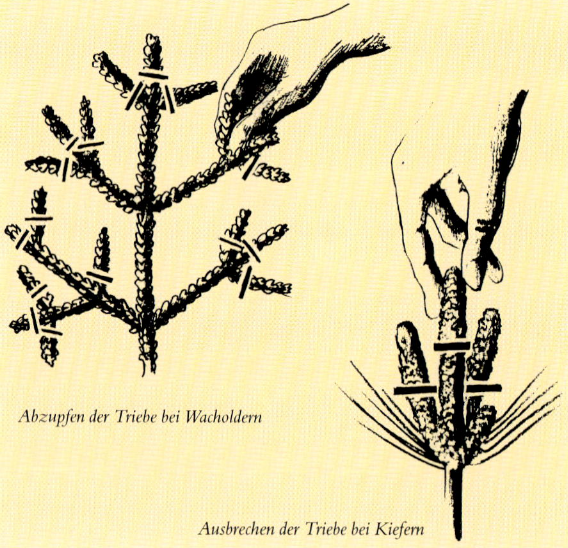

Abzupfen der Triebe bei Wacholdern

Ausbrechen der Triebe bei Kiefern

Die Triebe des Blütenbonsai, zum Beispiel der Aprikose, werden nach der Blüte zurückgeschnitten.

Bei den Nadelbäumen werden die Triebe zwischen Frühjahr und Sommer zurückgestutzt. Der Eingriff erfolgt nach dem Austrieb. Auf der Abbildung oben ist zu sehen, wie Triebe bei Kiefernarten um 1–2 Drittel gekürzt werden. die jungen Triebe der Fichten- und Tannenarten werden ebenfalls um 1–2 Drittel mit den Fingern abgezupft. Beim Wacholder müssen den ganzen Sommer über die neuen Triebe entfernt werden. Weitere Angaben finden Sie in der Tabelle Seite 118.

Skizze für einen richtigen Formschnitt.

Schneiden der Blätter

Jeder Bonsai-Freund achtet auf harmonische Größenverhältnisse zwischen Blatt, Ästen und Stamm. Bei den kleinblättrigen Bonsai stimmt das Verhältnis, bei anderen Laubbonsai jedoch, bei Buchen oder Ahorn z.B. wirken die großen Blätter oft störend.

Es gibt verschiedene Möglichkeiten, die Blätter zu verkleinern.

Von Juni bis Mitte Juli, wenn die Blätter ausgewachsen sind, können Sie bei kräftigen und gesunden Pflanzen die Blätter mit einem Blattschneider oder einer Schere entfernen. Der Baum macht dann einen Scheinherbst durch und entwickelt bald darauf neue Triebe mit Blättern, die kleiner sind als die entfernten. Bei Bäumchen mit langstieligen Blättern sollte der Stiel am Ast erhalten bleiben, da dies schonender ist für die Pflanzen. Bei Bäumen mit kurzstieligen Blättern ist das nicht möglich, und daher werden diese ganz abgeschnitten.

Dieser Eingriff wird für Ihren Bonsai noch schonender, wenn Sie das Entblättern nicht auf einmal vornehmen, sondern zunächst etwa die Hälfte und nach 14 Tagen den Rest der Blätter entfernen.

Eine weitere Methode, das Halbieren der Blätter, kann nicht empfohlen werden. Zum einen sieht das Bäumchen unschön aus, und dann dauert es sehr lange, bis die beschädigten Blätter abfallen und sich neue bilden können. Unmittelbar vor und nach dem Blattschnitt wird die Pflanze nicht gedüngt. Wegen der geringeren Wasserverdunstung gießen Sie etwas weniger und schattieren den Bonsai bis zum Erscheinen der neuen Blatt-Triebe.

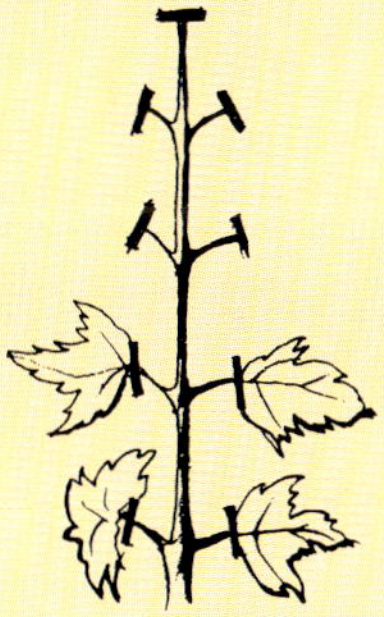

Schneiden der Blätter. Die Blattstiele sollten, wenn möglich, am Ast belassen werden.

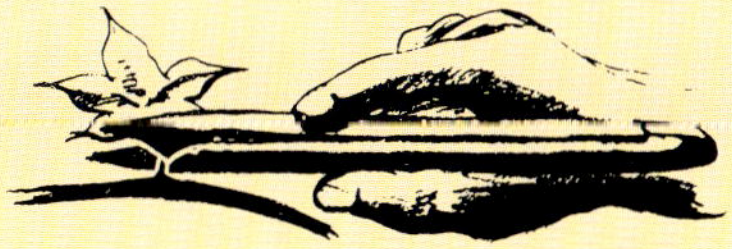

Blattschneider

Verdickung von Stamm und Ästen

Oft wirkt der Stamm eines Bonsai im Verhältnis zur Krone zu dünn. Dann sollten Sie sich zu einer Verdickung des Stammes entschließen. Für die Stammstärke eines Baumes sind die unteren Äste verantwortlich. Schneiden Sie daher diese unteren Äste erst dann zurück, wenn der Stamm die gewünschte Stärke erreicht hat.

Wenn Sie nur den Stammansatz Ihres Bonsai verstärken möchten, so schnüren Sie im Frühjahr den Stamm mit einem Aluminiumdraht dicht unter der Erdoberfläche ab; siehe Zeichnung Seite 58.

Oberhalb dieses Ringes schwillt der Stamm verhältnismäßig rasch an. Im Herbst des gleichen Jahres muß der Ring wieder entfernt werden, da er sonst den Baum zu sehr einschnürt und zum Absterben bringen kann.

Wirkt ein Ast zu dünn, so können Sie ihn verdicken, indem Sie an ihm alle Triebe und Blätter sich entwickeln lassen. Ein Ast wird um so stärker, je mehr Blattwerk er trägt, denn er nimmt durch den verstärkten Nährstoffaustausch an Umfang zu.

Dieser Wildwuchs mag störend wirken, wird aber wieder zurückgeschnitten, wenn der Ast die gewünschte Stärke erreicht hat.

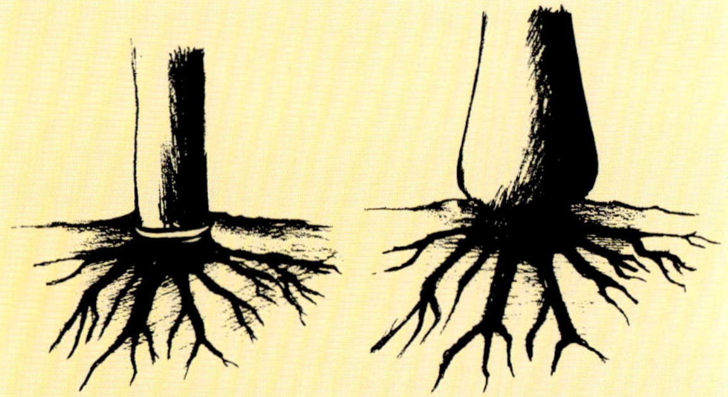

Kurz unter der Oberfläche wird Draht um den Stamm gewickelt. Oberhalb dieses Ringes schwillt der Stamm sehr rasch an.

Dieser chinesische Wacholder in einer antiken chinesischen Bonsai-Schale ist ein schönes Beispiel für künstliches Altern, für Jin, wie die Japaner dazu sagen.

Künstliches Altern

Schönheit und Charakter eines Baumes kommen erst dann zum Ausdruck, wenn er ein bestimmtes Alter erreicht hat. Bei der Bonsai-Gestaltung gibt es Methoden, die das Bäumchen älter erscheinen lassen und gleichzeitig auch Gestaltungsfehler ausgleichen.

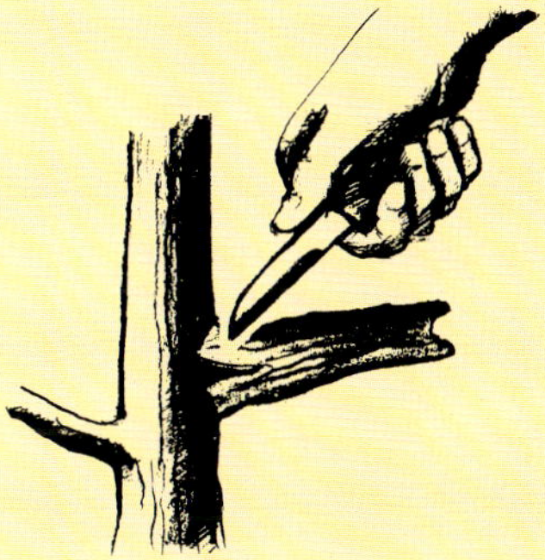

Die Rinde wird mit einem Messer gelöst und abgeschält.

Beispiel einer gelungenen Triebverkürzung.

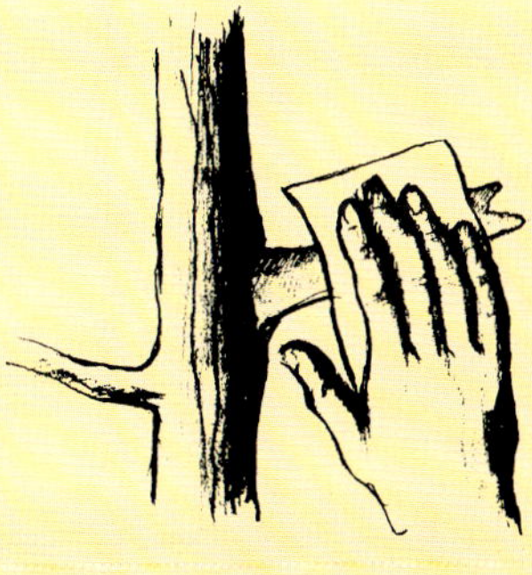

Das entrindete, glatte Holz wird mit feinem Glaspapier abgerieben und mit verdünnter Schwefelsäure bestrichen.

Abgebrochene und abgestorbene Äste bleiben für den Gesamteindruck Ihres Bäumchens erhalten, wenn Sie den Stumpf oder den Ast entrinden, vielleicht etwas anspitzen und dann mit verdünnter Schwefelsäure bestreichen, die den Ast ausbleicht und auch gegen Fäulniserreger schützt, siehe Abbildung Seite 58.

Bonsai, die zu sehr in die Länge gewachsen sind, können Sie optisch verkürzen, wenn Sie zunächst die Blätter oder Nadeln an der Baumspitze entfernen, diese dann entrinden und wie oben weiter behandeln.

Drahten und andere Gestaltungstechniken

Wenn es darum geht, die Wuchsrichtung der Äste bei einem Bonsai zu ändern oder den Stamm zu formen, kann dieses Ziel mit verschiedenen Techniken erreicht werden.

Eine davon ist die etwas schwierige Technik des Drahtens. Sie wird angewendet, wenn ein Bonsai zum Beispiel durch herabhängende Äste älter wirken soll, der Stamm eine Krümmung erhalten oder eine Krümmung beseitigt werden soll. Es wird dazu biegsamer Kupfer- oder eloxierter Aluminiumdraht genommen, der im Fachhandel in verschiedenen Stärken erhältlich ist.

Die Jahreszeiten, zu denen Sie drahten können, sind auf Seite 118 angegeben.

Ein Bäumchen vor und nach dem Drahten

Drahten gegenüberstehender Äste. Hier wird die Mitte des Drahtes um den Stamm gelegt, und der Draht dann zunächst um den einen und dann um den anderen Ast gewickelt.

In der Hauptsache werden Nadelgehölze gedrahtet, da bei Laubbäumen meistens die Formgestaltung durch das Schneiden allein erreicht werden kann. Wenn Sie dennoch Laubbäume drahten wollen, so sollten die Bäumchen gedrahtet werden, wenn sie in vollem Saft stehen, also im Frühjahr, und die Korrekturhilfe spätestens nach 6–8 Monaten wieder entfernt werden. Immergrüne Bäumchen und Nadelhölzer benötigen mehr Zeit für die Umformung. Nach 12–18 Monaten sollte jedoch auch bei diesen Pflanzen der Draht wieder beseitigt werden, spätestens dann, bevor er beginnt, in die Rinde einzuwachsen. Ist dieser Zeitpunkt jedoch überschritten, sodaß der Draht nicht ohne starke Verletzungen der Rinde wieder entfernt werden kann, wird er an diesen Stellen im Stamm oder Ast belassen, und nur die nicht eingewachsenen Teile werden mit einer Drahtschere entfernt. Der Bonsai wird immer in Wuchsrichtung, also von unten nach oben spiralenförmig mit Draht umwickelt, wobei sich die Stärke der Umwicklung (1 oder 2 Drähte) nach der Dicke des Stammes bzw. der Äste richtet. Das Drahten muß so oft wiederholt werden, bis die gewünschte Form erreicht ist. Achten Sie bitte, daß Sie beim Drahten keine Blätter oder Nadeln mit einwickeln. Sie wählen den Draht so, daß seine Stärke etwa einem schwachen Drittel des Astdurchmessers, der gedrahtet werden soll, entspricht, und zwar an der Stelle, an der er am dicksten ist. Eine andere Faustregel sagt, der dünnste Draht, der ausreicht, einen Ast in der gewünschten Richtung zu halten, ist richtig. Wird der Stamm gedrahtet, sichern Sie das Ende des Drahtes, indem Sie es an der Rückseite des Stammes bis zum Schalenboden in die Erde einsenken. Der Stamm wird dann spiralenförmig mit Draht umwickelt. Die einzelnen Windungen sollten einen Winkel von ca. 45° bilden und einen gleichbleibenden Abstand voneinander haben, der sich nur zur Spitze hin verringert. Anstatt eines dicken Drahtes können auch 2 dünnere verwendet werden, die man dicht nebeneinander anbringt. Die Windungen dürfen nicht zu locker und nicht zu fest sein. Die gleiche Technik wird bei den Ästen angewendet; nur wird der Draht hier am Stamm oder an einem gegenüberliegenden Ast gesichert. Die mit Draht umwickelte Stelle wird vorsichtig in die gewünschte Richtung gebogen.

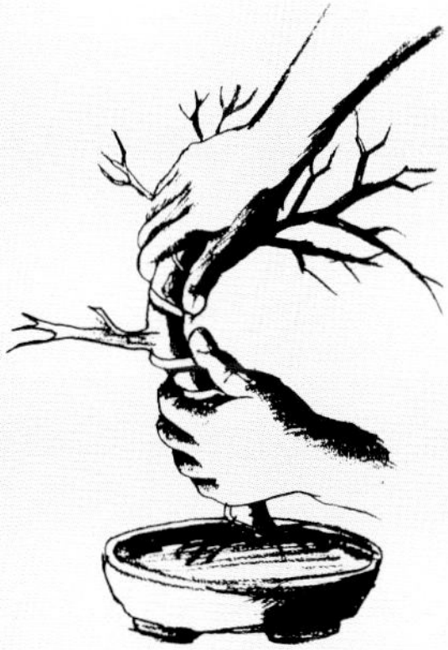

Der gedrahtete Ast oder Stamm wird vorsichtig in die gewünschte Richtung gebogen.

Hier wird mit 2 Drähten begonnen; der eine drahtet den Ast, der andere den Stamm bis zur Spitze.

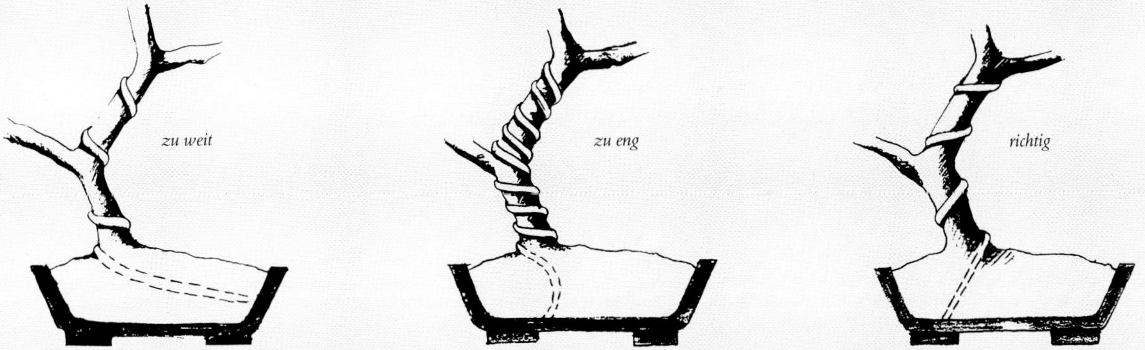

Der Stamm wird mit einer Drahtverspannung in eine andere Wuchsrichtung gebracht.

Sie fixieren Drähte am Pflanzgefäß und befestigen mit Schnur die Äste daran.

Für das Herabbiegen von Ästen gibt es noch verschiedene andere Methoden:

1. Sie fixieren Drähte am Pflanzengefäß und benutzen sie, um die Äste einzeln daran zu befestigen.
2. Der Draht wird am Stamm angebracht und die Äste zum Stamm gebunden.
3. Die Äste können entweder mit Bleigewichten oder mit sandgefüllten Plastiksäckchen beschwert werden.

Wichtig ist, daß die Stellen, an denen der Draht am Ast befestigt wird, gepolstert werden, um Verletzungen der Rinde zu vermeiden. Verwenden Sie dazu ein Stück Gummi, z.B. vom Fahrradschlauch. Zu dicht stehende Äste können auch mit Hilfe eines Brettchens wieder auseinandergebogen werden.

Klaffen zwei Stämme oder Äste zu weit auseinander, werden sie durch einen Draht näher zusammengebracht.

Sollen größere Krümmungen an einem Stamm gestaltet oder beseitigt werden, erreichen Sie das, indem Sie Draht oder Metallstäbchen parallel zum Stamm mit Bast befestigen. Auch eine kleine Schraubzwinge leistet in solchen Fällen gute Dienste.

Gestaltungstechniken wie das Drahten machen einen Bonsai erholungsbedürftig. Ein Bonsai sollte nie zu gleicher Zeit gedrahtet und umgetopft werden. Stellen Sie ihn nach dem Drahten für einige Wochen an einem geschützten Platz auf.

Der Ast kann mit einem Stein beschwert nach unten gebogen werden.

Der Draht oder die Schnur wird am Stamm angebracht und der Ast zum Stamm gebunden.

Eine weitere Technik, Äste in eine andere Wuchsrichtung zu bringen.

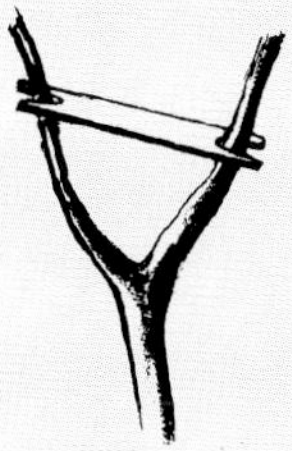

Zwei Äste werden mit einem Brettchen auseinandergebogen.

Ein Ast wird zum Stamm gebunden

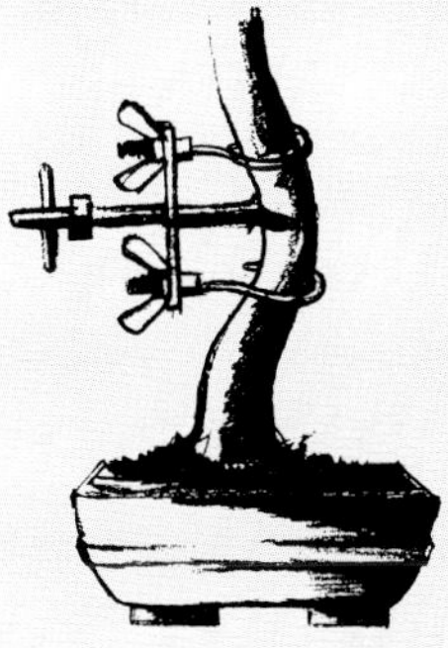

Ein Stamm erhält mit Hilfe einer Schraubzwinge eine stärkere Krümmung

Ein starker Draht oder ein Metallstab wird parallel zum Stamm befestigt, um eine Krümmung zu erreichen oder zu beseitigen.

Qualitätsmerkmale eines guten Bonsai

Die sichtbaren Wurzeln eines Bonsai sollten nach allen Richtungen wachsen. Sie können verschieden stark sein und einen verschieden großen Abstand voneinander haben, aber sie dürfen sich nicht überkreuzen.

Der Übergang zum Stamm sollte gut sichtbar sein. Bei einem guten Bonsai entsteht der Eindruck, daß er sicher steht und fest in der Erde wurzelt.

Die Gestalt und das Aussehen des Stammes ist bei Miniaturbäumen besonders wichtig. Meist ist der Stamm, der sich zur Spitze hin verjüngen sollte, von den Wurzeln bis hoch in die Krone hinauf sichtbar. Auf seine Gestaltung wird deshalb ganz besondere Sorgfalt verwendet. Der Stamm kann gerade oder gekrümmt sein. Je älter er wirkt, desto höher wird der Wert des Baumes eingeschätzt. Krümmungen und Biegungen des Stammes und der Äste sollten natürlich wirken. Bizarre und groteske Formen wirken gekünstelt. Ein Bonsai hat übrigens eine Vorder- oder Ansichtsseite und eine Rückseite. Die Vorderseite ist die Seite, auf der möglichst viel von der Struktur des Stammes und der Äste zu sehen ist. Deshalb wachsen die Äste bei einem Bonsai nie nach vorn, sondern immer nach den Seiten hin und nach oben. Nur im oberen Teil der Baumkrone dürfen kleine Äste und Zweige aus gestalterischen Gründen nach vorn wachsen. Eine Ausnahme bildet nur die Besenform.

Ein Bonsai hat verhältnismäßig wenig Äste. Da sehr viele Bonsai aus Findlingen und Baumschulpflanzen gestaltet werden, ist es oft unvermeidlich, Äste zu entfernen, die dann zunächst sichtbare Schnittstellen hinterlassen.

Es ist nicht richtig, daß der Bonsai dadurch eine wesentliche Wertminderung erfährt, vorausgesetzt, die Schnitte wurden fachmännisch ausgeführt, so daß sie nach ein paar Jahren fast unsichtbar vernarbt sind.

Dieser Bonsai zeigt alle Qualitätsmerkmale, einen kräftigen Stammansatz, die Verjüngung des Stammes nach oben hin und die richtige Gestaltung der Äste.

Alle Äste sind sehr sorgfältig gestaltet. Wenn der Hauptast nach links wächst, nennen wir ihn einmal Nr. 1, dann wächst Nr. 2 vielleicht nach hinten und Nr. 3 nach rechts. Kein Ast sollte auf gleicher Höhe mit einem anderen stehen. Sie können das leicht nachprüfen, wenn Sie auf das Miniaturbäumchen von oben herabsehen. Kein Ast darf dann einen anderen völlig verdecken oder parallel zu einem anderen wachsen. Bei einem gebogenen Stamm sitzen die Äste immer an der Außenseite der Biegung. Sie sollten zur Spitze hin kleiner werden und sich an ihren Enden verjüngen.

Die Blätter sind bei einem guten Bonsai möglichst klein, damit die Proportionen zwischen Stamm, Ästen und Blättern stimmen; und sie haben eine gesunde und kräftige Farbe.

Bild rechts:
Igelwacholder,
Juniperus rigida,
frei aufrechte Form - Moyogi,
Höhe ca. 70 cm,
Alter über 200 Jahre

Bild r
Serissa fo
in China bekan
,,Baum der tausend S
Höhe ca. 5
Alter ca. 35

Bild links:
Japanische Aprikose,
Prunus ume,
Literatenform - Bunjingi,
Höhe ca. 55 cm,
Alter über 120 Jahre

Bild links:
Diese Mädchenkiefer,
Pinus parviflora,
Höhe 94 cm,
ist über 150 Jahre alt
und vermittelt uns den Eindruck
eines sehr alten,
sturmerprobten Baumes.

Bild rechts:
Chinesischer Wacholder -
Juniperus chinensis,
Höhe ca. 77 cm,
Alter ca. 180 Jahre.

links:
erahorn, Acer palmatum,
rfachstamm - Kabudachi,
e ca. 85 cm, Alter ca. 70 Jahre.

Bild rechts:
Mädchenkiefer, Pinus parviflora.
In dieser Bonsaiform finden Sie
3 Stilformen wieder. Halbkaskade,
Mehrfachstamm und die
windgepeitschte Form.
Höhe ca. 70 cm, Alter ca. 85 Jahre.

links:
ıesischer Wacholder,
perus chinensis
paltholztechnik.
e ca. 85 cm, Alter über 250 Jahre.

Bild rechts:
Diese chinesische Ulme,
Ulmus parviflora,
Höhe ca. 45 cm, Alter ca. 45 Jahre,
ist ein Geschenk der Bonsai-Gärtnerei
in Shanghai, China, an den Autor.
Die traditionellen Tierformen
sind auch heute noch in der
chinesischen Bonsai-Gestaltung
beliebt.

*Bild links:
Hainbuche,
Carpinus laxiflora,
streng aufrechte Form -
Chokkan,
Höhe ca. 80 cm,
Alter 45 Jahre.
Beachten Sie den schönen
Stammansatz dieses
Miniaturbaumes.*

Bild rechts:
Mädchenkiefer,
Pinus parviflora,
frei aufrechte Form -
Moyogi,
Höhe ca. 75 cm,
Alter ca. 200 Jahre.

Bonsai-Pflege

Gute Bonsai sind wertvoll und selten. Manche Exemplare sind wie Kunstwerke unersetzlich. Eine angemessene Pflege, zu der das rechtzeitige Umtopfen, die richtige Erdmischung und als wichtigste Maßnahme das Gießen gehört, sowie das Düngen, die Wahl des richtigen Standortes, das Überwintern und die Krankheitsvorsorge, ist für einen Bonsai von großer Bedeutung.

Haben Sie Fragen bei der Pflege Ihres Bäumchens, oder tauchen Probleme auf, so gehen Sie zu einem Bonsai-Fachmann, der Ihnen mit seinem Wissen und seiner Erfahrung helfen kann. Ein gutes Bonsai-Fachgeschäft sollte auch Pflanzen über die Ferien oder zum Überwintern in Pension nehmen können und kranke Bäumchen gesundpflegen. Auch die Mitgliedschaft oder der Kontakt zu einem guten Bonsai-Club kann in solchen Fällen sehr hilfreich sein, denn Information und Erfahrungsaustausch stehen meistens im Mittelpunkt der Clubarbeit.

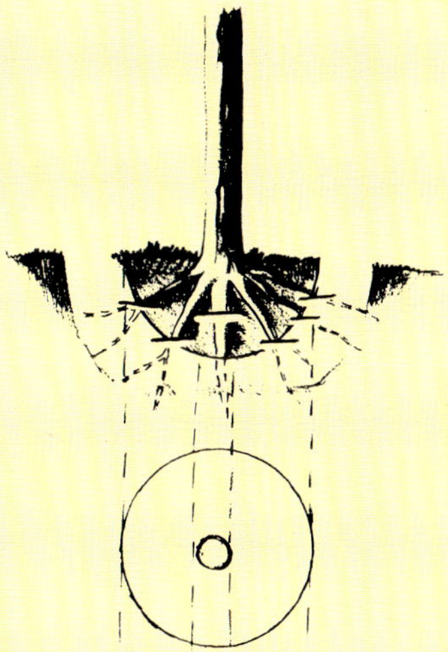

Achten Sie darauf, daß beim Wurzelschnitt der innere Wurzelraum erhalten bleibt. Bei stärkeren Wurzeln sollte die Schnittstelle immer nach unten weisen.

Wurzelschnitt

Der Wurzelschnitt wird beim Ein- und Umtopfen ausgeführt. Die Wurzeln werden mindestens um $^1/_3$ gekürzt. Sie können sie auch bis auf die Hälfte zurückschneiden. Fast alle Pflanzen vertragen einen kräftigen Wurzelschnitt, der sich belebend auf das Wurzelsystem auswirkt und auch wieder das richtige Verhältnis zwischen der ständig beschnittenen Baumkrone und dem Wurzelwerk herstellt.

Bild links:
Bonsai-Vorbilder in der Natur. Linde im Heidelberger Schloßgarten.

Ein- und Umtopfen

Ein junger Bonsai braucht alle 2 Jahre eine 1–2 cm größere Schale. Wenn er das 1. Mal in eine Schale gepflanzt wird, spricht man vom Eintopfen, beim späteren Schalenwechsel vom Umtopfen. Ein älteres Exemplar wird dann umgepflanzt, wenn die Erde ausgelaugt ist und erneuert werden muß, oder wenn die Wurzeln zu dicht geworden sind und zurückgeschnitten werden müssen. In diesem Fall können die Bäumchen wieder in die gleiche Schale zurückgepflanzt werden. Wie oft Sie Erde und Gefäß auswechseln sollten, richtet sich nach Art, Alter und Zustand der Pflanze. Schnellwachsende Laubbäume müssen etwa alle 2 Jahre, Nadelgehölze etwa alle 2–5 Jahre umgetopft werden. Die Tabelle auf Seite 118 gibt die Verpflanzungszeiten für Bonsai an und enthält Hinweise auf die Häufigkeit, in der jüngere Pflanzen und solche mittleren Alters umgetopft werden sollten.

Ein Bonsai bleibt oft jahrelang im gleichen Gefäß, deshalb ist die richtige Zusammensetzung der Erde wichtig.

Lassen Sie den Bonsai vor dem Umtopfen etwas trockener werden, so ist die Erde leichter aus dem Wurzelballen zu entfernen. Heben Sie die Pflanze vorsichtig aus der Schale. Mit einem zugespitzten Holzstäbchen wird etwa die Hälfte der alten Erde aus dem Wurzelballen entfernt. Dabei dürfen die feinen Faserwurzeln nicht beschädigt werden.

Zu stark entwickelte, verletzte, abgestorbene Wurzeln werden herausgeschnitten, das gesamte Wurzelwerk etwa um ein Drittel zurückgeschnitten. Bei stärkeren Wurzeln sollte die Schnittstelle immer nach unten weisen.

Die Abzugslöcher der Pflanzschale werden mit einem Stück Plastiknetz bedeckt, damit die Erde nicht ausrieseln kann. Zur Befestigung des Wurzelballens bzw. der Pflanze kann plastikummantelter Draht oder Aluminiumdraht – kein Kupferdraht – durch die Drainagelöcher gezogen werden. Dies empfiehlt sich vor allem bei großen Pflanzen und solchen, die in sehr flache Schalen getopft werden, damit der Wind die Pflanzen nicht aus der Schale wehen kann. Der Draht sollte nach einem halben Jahr, wenn sich neue Wurzeln gebildet haben, entfernt werden. Der Schalenboden wird mit einer groben Kies- oder Legatonschicht für die Drainage bedeckt. Diese Schicht darf nicht höher als 2 cm sein. Darüber kommt eine Schicht der eigentlichen Pflanzenerde. Diese sollte fast trocken sein, damit sie besser rieseln und die Hohlräume zwischen den Wurzeln ausfüllen kann.

Stellen Sie den Bonsai in die Schale. Verteilen Sie die Wurzeln nach allen Seiten. Die sichtbaren Wurzeln sollen etwa auf der Höhe des Schalenrandes oder etwas darüber liegen, befestigen Sie dann das Bäumchen mit dem eingezogenen Draht. Beim Einfüllen wird die Erde immer fest angedrückt, vor allem am Schalenrand. Dies kann mit einem Holzstäbchen oder mit dem Daumen geschehen. Um Hohlräume im Erdreich zu vermeiden, klopfen Sie mit der Faust öfters an den Schalenrand. Die Erdoberfläche soll an die Weite der Landschaft erinnern, deshalb bleibt beim Bonsai höchstens ein Gießrand von 0,5 cm bestehen. Achten Sie beim Einpflanzen darauf, daß die Pflanze nicht in die Mitte gesetzt wird. Suchen Sie eine Stelle in der Schale, an der sie Ihrer Meinung nach am besten zur Geltung kommt. Die japanischen Fachleute haben auch hierfür strenge Regeln, siehe Seite 116.

Eine feine Lehmschicht, die auf die Erdoberfläche gesiebt werden kann, verhindert ein Herausschwemmen der Erde beim Wässern und läßt neues Moos schneller nachwachsen. Zum Schluß streichen Sie die Erdoberfläche mit einem Besen glatt und gießen dann das Bäumchen kräftig an. Nach dem Umtopfen benötigt der Bonsai einen halbschattigen, windgeschützten Platz. Er kann nach 2–3 Wochen wieder an seinen bisherigen Standort gebracht werden. Frühestens nach einem Monat, wenn er neue Wurzeln gebildet hat, kann er zum ersten Mal auch wieder gedüngt werden.

Die Pflanze wird vorsichtig aus dem Topf genommen.

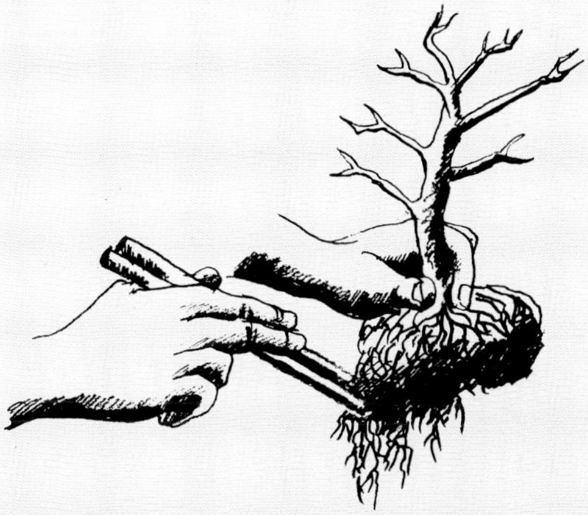

Mit einem Holzstäbchen wird etwa die Hälfte der alten Erde aus dem Wurzelballen entfernt.

Die Wurzeln werden mindestens um 1/3 zurückgeschnitten.

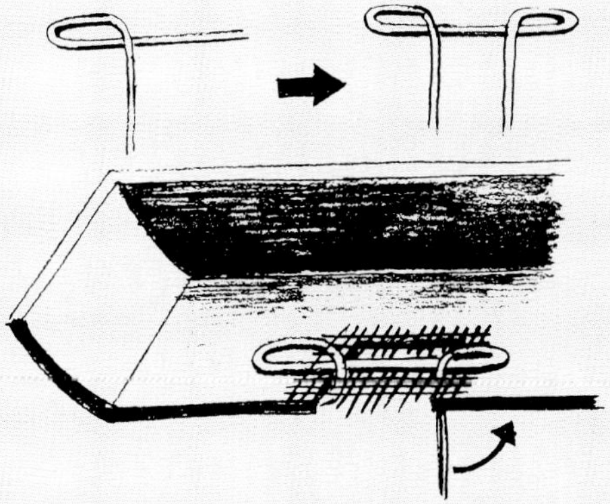

Mit dieser Drahtschlinge wird das Netz über dem Abzugsloch an der Schale befestigt.

Zur Befestigung des Wurzelballens kann ein Draht durch die Abzugslöcher gezogen werden, bevor eine etwa 2 cm starke Drainageschicht eingefüllt wird.

Auf die Drainageschicht kommt die Bonsai-Erde.

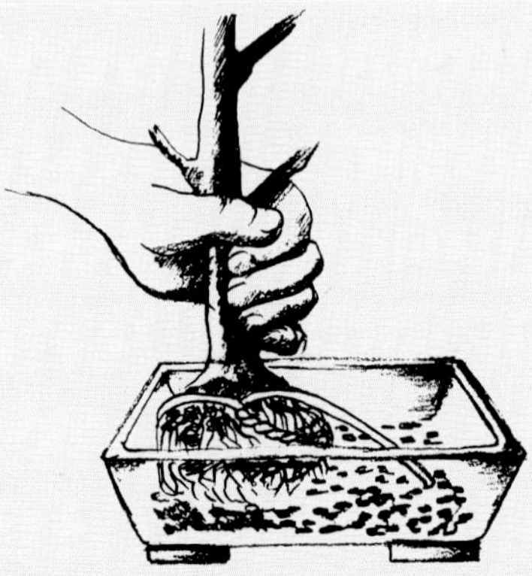

Jetzt wird die Pflanze in die Schale gesetzt und mit dem Draht befestigt.

Die Schale wird bis dicht unter den Schalenrand mit Bonsai-Erde aufgefüllt.

Die Erde wird vor allem am Schalenrand fest angedrückt.

Vor dem Glattfegen der Erde kann eine feine Lehmschicht aufgesiebt werden.

Der eingepflanzte Baum wird kräftig gewässert und erhält einen geschützten Standort.

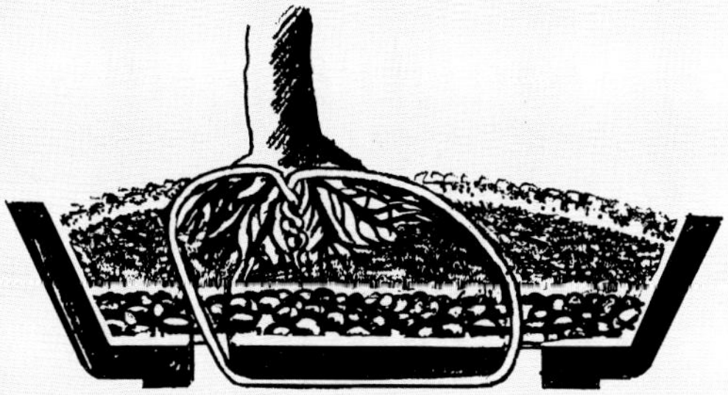

Längsschnitt durch die Bonsai-Schale.

Erdmischungen

Die Standardmischung besteht aus je einem Teil Walderde oder Torf, Lehm und körnigem Sand (Flußsand). Laubbäume, junge und im Wachstum befindliche Pflanzen wollen einen leichteren Boden mit einem möglichst kleinen Lehmanteil. Langsam wachsende Bonsai-Arten wie Kiefern und die meisten Koniferen, sowie alte Bäume, gedeihen besser in einer trockenen Erde, die meist mehr Sand enthält. Eine Mischung für Laubbäume kann z.B. aus einem Teil Walderde, einem Teil Torf und einem Teil Sand bestehen, eine Mischung für Nadelgehölze aus zwei Teilen Sand, einem Teil Torf und einem Teil Lehm.

Wenn Gartenerde verwendet wird, sollten Sie beachten, daß diese meist schon einen Lehmanteil enthält. In der traditionellen Bonsai-Gestaltung wird sehr viel Wert auf die Auswahl der Erden und Erdmischungen gelegt. Jeder Bonsaispezialist schwört auf den Erfolg seiner eigenen Erdmischungen.

Sie können sich aber die Sache wesentlich vereinfachen, indem Sie auf inzwischen bewährte Bonsai-Erden zurückgreifen, die im Handel erhältlich sind. Diese enthalten einen Teil Lehm, einen Teil Torf und einen Teil Granitverwitterung oder körnigen Sand. Die Mischung erhält durch den Lehmgehalt ihre Pufferwirkung. Der Torf liefert die für die Pflanze wichtigen Humusanteile, und der grobkörnige Sand sorgt für Durchlüftung und Wasserabfluß, denn Bonsai wollen Feuchtigkeit, nicht Nässe.

Natürlich können Sie auch diese Erdmischung selbst herstellen und für Ihre Bonsai, je nach Pflanzenart, abwandeln. Bevor Sie aber Lehm, Torf und Sand mischen, sollten Sie den Sand zunächst sieben, um ihn von Staubanteilen zu befreien, denn Staub verdichtet den Boden und verringert dadurch die Durchlässigkeit der Erde für Wasser und Sauerstoff.

a Gesiebte Granitverwitterung kann zur Erdmischung und als Drainagefüllung genommen werden.
b Körniger Weißtorf
c Sandige Lehmerde

Azaleen, die saure Böden bevorzugen, benötigen einen geringeren Lehm- und Sandanteil, dafür mehr Torf. Hier ist ein günstiges Mischungsverhältnis: zwei Teile Lehm, zwei Teile Sand, fünf Teile Torf. Bei Laubbäumen kommen Sie mit der Standardmischung zurecht aus drei Teilen Lehm, drei Teilen Torf, drei Teilen Sand, wobei Sie bei älteren Exemplaren den Torfanteil verringern sollten, um das Wachstum der Bäume einzudämmen.

Nadelbäume mit ihrer Vorliebe für sandigen Boden bevorzugen einen höheren Sandanteil. Mischen Sie hier entweder der Standarderde Sand zu oder achten Sie darauf, wenn Sie die Erdmischung selbst herstellen.

Aprikose, Prunus mume, Literatenform - Bunjingi, Höhe ca. 60 cm, Alter ca. 50 Jahre.

Moos und andere Unterpflanzungen

Moos läßt den Eindruck eines samtigen Waldbodens entstehen und wirkt besonders bei Bäumchen mit sichtbaren Wurzeln faszinierend. Es ist nicht nur schön, sondern verhindert auch ein Ausschwemmen der Erde beim Gießen. Ein Moospolster kann mit Zwischenpflanzungen von Moosfarn (Selaginella), Acorus, wilden Alpenveilchen (Cyclamen persicum) und niedrig wachsenden Crassulaceen-Arten aufgelockert werden.
Beachten Sie bitte, daß mit dichtem Moos bewachsene Erde Feuchtigkeit wesentlich länger speichern kann und daher eventuell weniger gegossen werden muß. Daher darf der Moosteppich nicht am Stamm hochwachsen, da es dort sonst zu Fäulnisbildung kommen kann.
Das schönste Moos bildet sich im Freien bei genügender Feuchtigkeit von selbst nach etwa 6-8 Monaten aus.
Sie können aber auch Moosstückchen aufpflanzen, wenn Sie nicht so lange warten wollen. Sie finden sie an feuchten Stellen, in Dachkanteln, in Mauerritzen, zwischen Pflastersteinen und an Felsen. Waldmoos ist nicht zu empfehlen, da es zu hoch wird. Viele Bonsai-Freunde lassen die gesammelten Moosstückchen trocknen, zerreiben sie dann und säen die Mooskrümel auf der Erde aus. Außerdem werden im Fachhandel spezielle Moossporen angeboten (Kyoto-Moos), die Sie auf der Erdoberfläche aussäen können.

So schön kann eine Moosbepflanzung aussehen. Die helleren Pflanzen im Vordergrund sind Moosfarne (Selaginella).

Bild rechts:
Eine 55jährige Sageretie,
Sageretia theezans,
aus China, mit einem
reizvollen Moospolster
in einer antiken
Bonsai-Schale.
Höhe ca. 45 cm

Gießen

Bonsai benötigen wie alle Pflanzen ausreichend Wasser. Ein Zuviel an Wasser ist genau so schädlich wie ein Zuwenig. Wenn die Erde zu naß gehalten wird, beginnen die Wurzeln zu faulen, weil eine ausreichende Durchlüftung nicht mehr gewährleistet ist. Alle Bonsaischalen haben aber genügend große Abzugslöcher am Schalenboden, die ein schnelles Abfließen des überschüssigen Wassers bewirken. Zudem sorgt auch eine gute Erdmischung aufgrund ihrer granularen Konsistenz dafür, daß überschüssiges Wasser nicht zu lange zurückgehalten wird. Bei dem geringen Wurzelraum, der Miniaturbäumen zur Verfügung bleibt, besteht viel eher die Gefahr des Austrocknens, vor allem im Sommer. Sorgen Sie dafür, daß die Erde Ihres Bonsai ständig leicht feucht gehalten wird – und das zu jeder Jahreszeit. Wenn die Erde dennoch einmal sehr trocken geworden ist, stellen Sie die Pflanze bis zum Schalenrand etwa zehn Minuten lang ins Wasser, damit sie sich wieder richtig vollsaugen kann.

Jede Pflanze hat eigene Ansprüche und Bedürfnisse, die es herauszufinden gilt, vgl. Angaben der Tabelle Seite 118. Es gibt Pflanzenarten, die trockener, und andere, die feuchter gehalten werden wollen. Auch die Temperatur, die Luftfeuchtigkeit und die Jahreszeit sollten berücksichtigt werden. Im Sommer müssen Bonsai oft mehrmals täglich, im Winter (Ruhezeit) entsprechend weniger, vielleicht nur einmal in der Woche, gegossen werden.

Zum Gießen eignet sich am besten weiches Wasser. Sehr hartes Wasser sollte mit Hilfe von Entkalkungstabletten (in Zoogeschäften beim Aquarienzubehör erhältlich) enthärtet werden. Auch das Sammeln von Regenwasser ist möglich. Leitungswasser läßt man 2–3 Tage abstehen, damit evtl. vorhandene Chlorreste ausgeschieden werden. Abgestandenes Wasser ist außerdem leicht temperiert. Überbrausen Sie das Bäumchen mit einer sehr feinen Brause mehrere Male hintereinander. Das ist nötig, da Bonsaischalen meistens keinen hohen Gießrand haben, um die Harmonie zwischen Schale und Baum nicht zu stören, und deshalb nur wenig Wasser aufnehmen können. Wiederholen Sie das Überbrausen so lange, bis sich der ganze Wurzelballen mit Wasser vollgesaugt hat. Um Verbrennungen an den Blättern zu vermeiden, darf das Überbrausen im Hochsommer nicht in der größten Mittagshitze erfolgen, sondern nur morgens und am späten Nachmittag. Während einer längeren Abwesenheit (Urlaub) sollten Sie Ihren Bonsai in eine zuverlässige Pflege geben. Bekannte, die selbst Bonsai besitzen, oder ein Gartenbaubetrieb, in dem man sich mit Bonsai auskennt, sind die besten Unterkünfte.

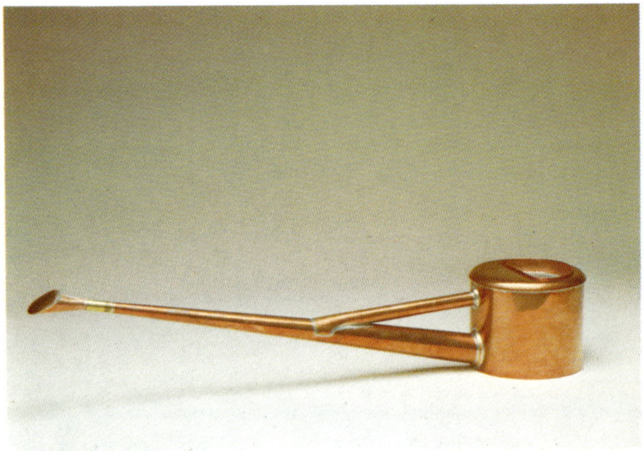

Eine praktische, formschöne japanische Bonsai-Kanne aus Kupfer. Der Kannenhals ist so bemessen, daß er beim Gießen den erforderlichen Druck erzeugt, um das Wasser durch die sehr feine Brause zu bringen.

Roter Federahorn, Acer dissectum atropurpureum, frei aufrechte Form - Moyogi, Höhe ca. 45 cm, Alter ca. 40 Jahre, in seiner Herbstfärbung.

Düngen

Ein Bonsai ist nur dann gesund und kräftig, wenn er regelmäßig während seiner Wachstumszeit, also vom Frühjahr bis in den Herbst hinein, gedüngt wird. Laubbäume werden nach dem ersten Austrieb gedüngt, und bis sie anfangen, Laub abzuwerfen; Nadelbäume bis spätestens Mitte Oktober. Im Winter, der Ruhezeit, wird nicht gedüngt.

Junge Bäume brauchen mehr Nährstoffe als alte; schnellwachsende wie die meisten Laubgehölze mehr als langsamer wachsende Bäume, wie z.B. die Nadelgehölze.

Während der Blüte dürfen blühende Pflanzen nicht gedüngt werden. Unmittelbar nach dem Umtopfen und während der heißesten Zeit im Sommer wird das Düngen abgesetzt. Auch sollten kranke Pflanzen nicht gedüngt werden, da ihr Wurzelsystem die Nährstoffe nicht aufnehmen kann.

Organischer Dünger ist anorganischem Dünger, der bei Überdüngung Verbrennungsschäden am Wurzelwerk hervorrufen kann, vorzuziehen. Bekannte organische Düngemittel sind:

Knochenmehl, Hornspäne, Fischmehl, Rapsschrot.

Sehr bewährt hat sich ein organischer Dünger in Kugelform, der von japanischen Experten verwendet wird. Er besteht aus Rapsschrot, Knochen- und Fischmehl in einem für Bonsai idealen Nährstoffverhältnis. Dieser Kugeldünger ist leicht zu handhaben und deshalb sehr empfehlenswert. Die Kugeln lösen sich beim Gießen langsam auf, und die Nährstoffe können dann von der Pflanze aufgenommen werden. Sie werden ungefähr in die Mitte zwischen Stamm und Schalenrand auf die Erdoberfläche gelegt, nicht direkt am Stamm, um Fäulnis zu vermeiden, und auch nicht direkt am Schalenrand, da sie dort für zu wenig Wurzeln erreichbar wären.

Roter Federahorn, Acer dissectum atropurpureum, in einer 40 cm x 28 cm großen Schale mit 6 Düngekugeln.

Sie brauchen:
für kleinere Schalen, Ø 15 x 10 cm, ca. 2 Kugeln
für mittlere Schalen, Ø 20 x 15 cm, ca. 4 Kugeln
für große Schalen, Ø 40 x 30 cm, ca. 6 Kugeln.

Wenn die Kugeln aufgebraucht sind, werden neue wegen ihrer Langzeitwirkung nur etwa bis Ende August an anderen Stellen placiert.

Wenn Sie einen der schnellwirkenden Flüssigdünger verwenden, richten Sie sich nach der Konzentrationsmenge, die auf der Gebrauchsanweisung für Topfpflanzen angegeben ist. Vergessen Sie nicht, Ihren Bonsai vor dem Düngen gut zu gießen.

Kerbbuchenwald - Fagus crenata, Höhe ca. 60 cm, Alter ca. 6-25 Jahre, auf einem flachen Steintablett.

Bonsai-Gärtnerei der Familie Takeyama in Omiya, Japan.

Standort

Der herkömmliche Bonsai verlangt einen Platz im Freien. Im Garten, auf dem offenen Balkon, auf der Terrasse oder auf dem Dachgarten ist er den Witterungseinflüssen, Sonne, Wind und Regen ausgesetzt, die er braucht, um gesund zu bleiben und sich gut zu entwickeln.

Ein Bonsai kann zum Schmuck für einige Stunden, höchstens aber für einen Tag pro Woche, in die Wohnung genommen werden. Draußen sollten die Pflanzen etwas höher stehen. Sie lassen sich dann besser pflegen und betrachten. Direkt auf der freien Erde wären sie durch Schädlinge und auch durch Haustiere gefährdet.

Ein Bonsaibord, das im Sommer eventuell schattiert und im Winter mit Plastikfolie überdacht werden kann, ist der ideale Standplatz. Die meisten Bonsai-Arten wollen volles Sonnenlicht. Lediglich einige empfindliche Pflanzenarten müssen leicht schattiert werden, siehe Tabelle Seite 118.

Wenn das Sonnenlicht nur von einer Seite einfällt, sollten die Bonsai alle paar Wochen gedreht werden, damit sie sich nicht einseitig entwickeln.

Fehlendes Sonnenlicht, z.B. auf einem überdachten Balkon oder einem Balkon in Nordlage, läßt sich durch Kunstlicht ausgleichen. Die im Gartenbau bewährten Leuchtstofflampen können Sie auch für die künstliche Beleuchtung Ihrer Bonsai verwenden. Zu empfehlen sind L-Lampen Natur, Lichtfarbe 36 von Osram.

Bonsai-Freunde, die keinen Balkon besitzen, können ihre Bäumchen auf einem breiten Fensterbrett aufstellen und mit Gummibändern oder Draht sichern.

Auch auf dem Balkon müssen die Bäumchen sturmsicher befestigt werden.

Überwinterung

Es gibt bei der Überwinterung keine Probleme, wenn Sie alle Bonsai zwischen 0 °C und +5 °C überwintern. Ideal ist ein Gewächshaus wegen seiner Helligkeit und Luftfeuchtigkeit. Da jedoch nicht jeder Bonsai-Freund ein Gewächshaus besitzt, müssen andere Überwinterungsmöglichkeiten gefunden werden.

Für die **winterharten Arten,** wie z.B. Kiefern, Wacholder, Buchen, s. Tab. S. 118, können Sie ein Folienhaus konstruieren, das auch auf Ihrem Balkon Platz hat. Dazu werden die Bäumchen in eine Kiste, die zuvor mit einem feuchten Torf-Sandgemisch oder Styromull gefüllt wurde, bis über den Schalenrand eingesenkt. So sind auch die Keramikschalen vor Frostschäden gesichert. Für die Überdachung werden Stahl- oder Bambusstäbe gebogen und in die Kistenecken eingesteckt. Dieses Gerüst wird dann mit Plastikfolie überzogen und die Enden unter die Kiste gesteckt. Bei mildem Wetter und Sonnenschein muß die Folie zur Belüftung aufgerollt werden. Dies ist sehr wichtig, damit die Bonsai nicht allzu großen Temperaturschwankungen ausgesetzt sind. Wenn Sie sich die Arbeit des Lüftens ersparen wollen, benützen Sie statt durchsichtiger Folie gelochte Milchfolie.

Eine zweite Möglichkeit, Ihre Miniaturen zu überwintern, ist ein Styroporblock, in dem Sie Löcher in der Größe Ihrer Bonsaischalen ausschneiden und da hinein Ihre Bäumchen stellen. Als Windschutz werden Doppelsteg-PVC-Platten zusammengeklebt.

Die Abbildung rechts zeigt einen einfachen Glaskasten. Auch hier müssen die Bäume in feuchten Torf eingesenkt werden. Bonsai, die im Winter draußen bleiben, sollten von September an nicht mehr zur Dekoration in die Wohnung genommen werden, damit sie bis zur Frostperiode abgehärtet sind.

Bedingt winterharte Arten wie Dreispitzahorn, Zypressen, s. Tab. S. 118, können bis zu −5°C ertragen. Sie haben die Möglichkeit, für diese Bäumchen in Ihrem selbstgebastelten Winterschutz eine Wärmelampe zu installieren oder aber die Pflanzen mit den **frostempfindlichen Arten** wie Bux, Myrten, Serissa zusammen in ungeheizten, hellen Räumen, im Treppenhaus, auf hellen Speichern oder in Wintergärten aufstellen.

Beachten Sie bitte, daß die Temperaturen in diesen Räumen +8 °C nicht überschreiten, da die Bäumchen sonst aus ihrem Winterschlaf gerissen werden und zu treiben beginnen. Vergessen Sie auch nicht, die Pflanzen öfter zu übersprühen, etwa 2mal pro Woche, um eine genügend hohe Luftfeuchtigkeit zu gewährleisten.

Überwinterung im Glaskasten

Bonsai zur Überwinterung bis über den Schalenrand in feuchten Torf eingesenkt. Achten Sie darauf, daß die Kiste Wasserabzugslöcher hat, um stauende Nässe zu vermeiden.

Nach dem Einsenken der Pflanzen werden Bambus-, Weiden- oder Stahlstäbe in die Kistenecken eingespannt. Dieses Gerüst wird dann mit gelochter Milchfolie überzogen und die Folienenden unter die Kiste gesteckt.

Bonsai-Werkzeuge

Bei der Kultivierung von Miniaturbäumen ist es anfangs schon möglich, sich mit bereits vorhandenem Gerät wie Rosenschere und Seitenschneider zu begnügen. Auf die Dauer werden Sie jedoch auf Spezialwerkzeuge für Bonsai nicht verzichten können. Mit den schmalen Bonsai-Scheren z.B. können Sie alle Zweige und Wurzeln der Pflanzen erreichen. Die Zange zum Entdrahten ist so konstruiert, daß bei ihrer Anwendung die Rinde nicht verletzt wird. Dic Zangc für den Konkavschnitt hinterläßt eine Wunde, die rasch und ohne unschöne Vernarbung abheilt.

Hier sind die wichtigsten in Japan entwickelten Bonsai-Werkzeugc abgebildet. Eine pflegliche Behandlung, vor allem eine gründliche Reinigung nach der Benützung, garantiert eine hohe Lebensdauer und eine gute Funktionstüchtigkeit der Geräte.

Diese schmale, lange Bonsai-Schere ist so konstruiert, daß sie alle Ästchen innerhalb der dichten Baumkrone erreichen kann.

Blattschneider zum Abzwicken der jungen Triebe und Blätter.

Größere Bonsai-Schere zum Schneiden dickerer Äste und Wurzeln.

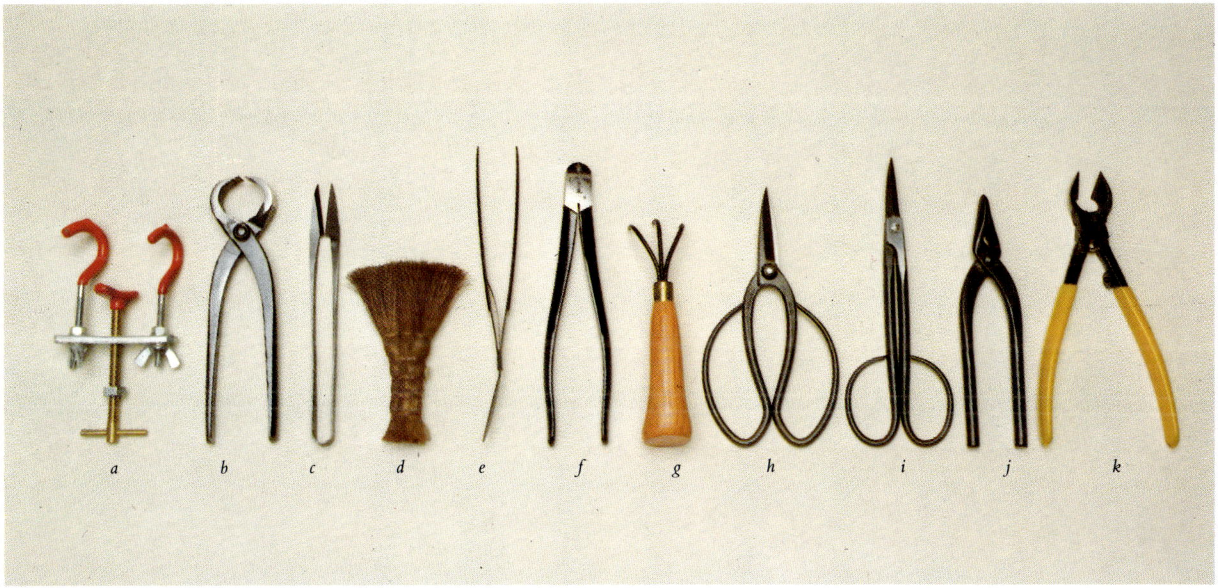

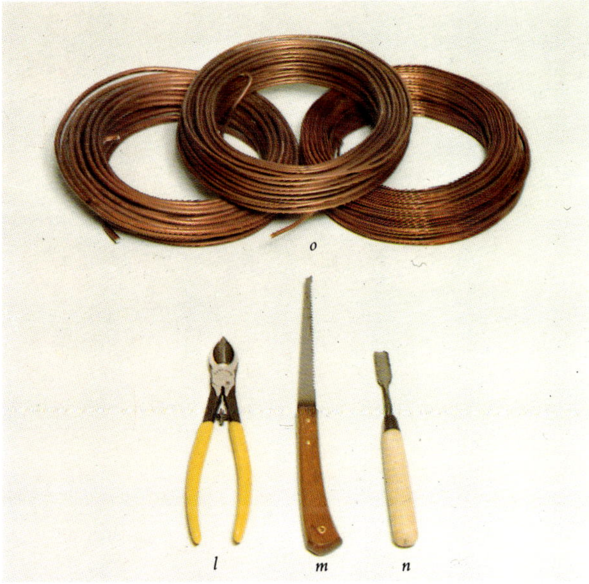

a *Schraubzwinge zum Biegen von Ästen und Stämmen*
b *Zange zum Schneiden dicker Wurzeln*
c *Blattschneider*
d *Besen zum Reinigen und Glattfegen der Erdoberfläche*
e *Pinzette zum Abzwicken von jungen Trieben, Entfernen von welken Blättern und Ungeziefer*
f *Drahtzange zum Abzwicken von Draht*
g *Kralle zum Auseinanderziehen von verfilztem Wurzelwerk beim Umtopfen*
h *Schere zum Schneiden von Trieben, Ästen und dünneren Wurzeln*
i *Schere zum Schneiden feiner Triebe und Auslichten von Zweigen in einer Baumkrone*
j *Zange zum Abwickeln des Drahtes bei gedrahteten Bonsai und für die Jin-Behandlung geeignet*
k+l *Konkavzangen, mit denen Äste ganz dicht am Stamm abgeschnitten werden können, ein sehr wichtiges Bonsai-Werkzeug*
m *Säge zum Absägen dicker Äste*
n *Stemmeisen oder Holzmeißel zum Ausputzen einer größeren Schnittstelle*
o *Eloxierter Aluminiumdraht in verschiedenen Stärken*

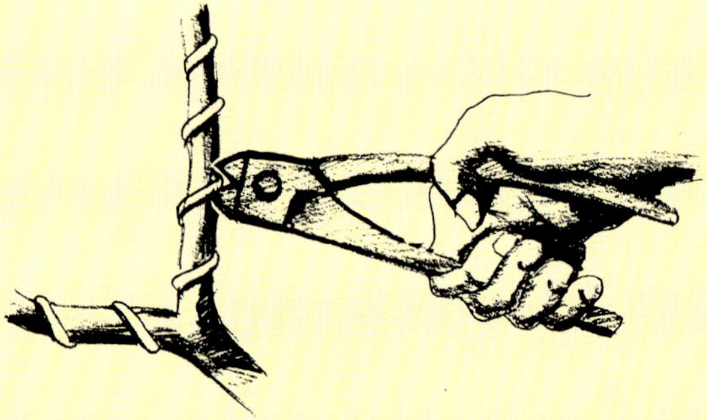

Die Drahtzange ist so konstruiert, daß Sie den Draht am Bäumchen durchzwicken können, ohne die Rinde zu verletzen.

Mit der Konkav-Zange können Sie auch dickere Äste direkt am Stamm abschneiden. Der Konkavschnitt ermöglicht eine raschere und bessere Vernarbung der Schnittstelle als eine gewöhnliche Schere.

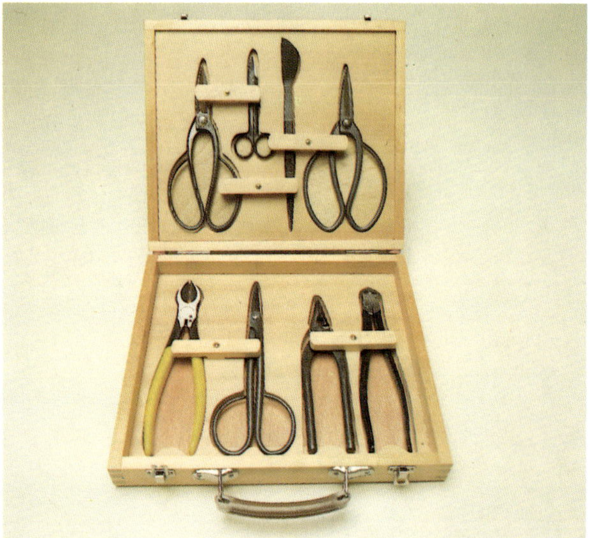

Ein praktischer, sehr flacher Holzkoffer mit 8 der wichtigsten Bonsai-Werkzeuge.

Eine im Gebirge gesammelte Mädchenkiefer auf einem Drehtisch. Die Drehscheibe kann bis zu 40 cm in der Höhe verstellt werden. Rechts eine Ablage für die Werkzeuge. Die 2 Schubladen sind zum Aufbewahren der Bonsai-Werkzeuge gedacht.

Japanische Azalee, Azalea japonica
Frei aufrechte Form - Moyogi
Höhe ca. 65 cm, Alter ca. 100 Jahre
Antike chinesische Bonsai-Schale, die in Farbe und Form wunderbar zu dieser herrlichen Azalee paßt.

Krankheiten und Schädlinge

Der beste Schutz gegen Krankheiten ist eine sorgfältige Pflege und regelmäßige Kontrolle der Pflanzen. Wenn es einmal Krankheiten, Schädlinge, Pilze o.ä. zu bekämpfen gibt, so handelt es sich um die gleichen, von denen auch Haus- und Gartenpflanzen befallen werden. Bei Krankheitssymptomen, deren Ursache nicht in einer falschen Behandlung der Pflanze und auch nicht im Bereich der Blätter zu finden ist, sollten Sie zunächst die Pflanzen vorsichtig aus dem Gefäß heben. Kräftige weiße Wurzelspitzen lassen meistens darauf schließen, daß das Wurzelsystem in Ordnung ist und von daher die Krankheitssymptome nicht herrühren.

Die handelsüblichen Bekämpfungsmittel können in den auf den Gebrauchsanleitungen angegebenen Dosierungen angewendet werden. Auf keinen Fall stärker, eher etwas schwächer. Abzuraten ist von stark ölhaltigen Mitteln.

Im folgenden werden die wichtigsten Krankheiten und Schädlinge beschrieben, von denen Bonsai befallen werden können und wirksame Bekämpfungsmittel aufgezählt.

Schädlinge

Ameisen sind nur insofern Schädlinge, als sie Blattläuse ansiedeln. Sie sollten daher die Umgebung der Bonsai von Ameisen freihalten. Ein wirksames Mittel zur Bekämpfung ist eine Nikotinlösung.

Blattläuse, die meist an der Blattunterseite und an Knospen sitzen, können oft schon durch Abspülen mit einem kräftigen Wasserstrahl oder durch leichtes Besprühen mit einer 0,2% Aphisan- oder 0,05% PD 5-Lösung beseitigt werden.

Wolläuse finden Sie am Stamm, an Astgabelungen, in den Winkeln zwischen Ästen und Blättern. Sie sehen aus wie winzige Wattebällchen und können wie Blattläuse bekämpft werden, oder Sie spritzen mit 0,15% Unden.

Raupen erkennt man an den Fraßstellen, die sie hinterlassen. Wenn sie nicht entdeckt und abgelesen werden können, spritzen Sie die Pflanze mit Metasystox oder einer 0,1% Ultracid 40 Lösung.

Regenwürmer sind zwar nicht schädlich, verändern aber durch ihre Gänge den Wasserabfluß und sollten deshalb entfernt werden.

Die rote Spinne (Spinnmilben) tritt in niederschlagsarmen Jahren (trockene Luft) gern bei Wacholdern, Schwarzkiefern, Fichten und auch Zelkowen auf. Sie verursacht ein Gelb- oder Fahlwerden der Nadeln und Blätter. Meistens sind nur Teile einer Pflanze befallen. Sichtbar wird sie, wenn Sie einen Ast über einem Blatt weißem Papier schütteln. Die Spinnmilben sehen aus wie Paprikapulver und sind gut unter einer Lupe erkennbar. Bekämpft wird die rote Spinne mit Spezialmitteln, bei Vegetationsbeginn mit Plictran 25 W 0,1%, Pentac oder PD 5. 2–3mal im Abstand von 14 Tagen.

Schnecken, die Fraßstellen und Schleimspuren hinterlassen, werden durch Ablesen früh morgens oder durch geringe Mengen Schneckenkorn beseitigt, das Sie auf die Erdoberfläche auslegen.

Schildläuse, die vor allem bei Laubbäumen an Zweigen und an der Unterseite von Blättern siedeln (braune, pockenartige Anschwellungen), können oft mit der Hand entfernt werden. Bei starkem Befall mit Schildläusen hat sich eine 0,2%ige Aphisan-Lösung bewährt, oder Sie spritzen mehrmals mit einer 0,15% Malathion-Emulsion.

Wurzelläuse verursachen während der Wachstumszeit ein Erschlaffen der Blätter. Die weißen Insekten sitzen an den Wurzeln. Sie dürfen bei Kiefern

jedoch nicht mit der weißen Ablagerung verwechselt werden, die ein zusammenhängendes Gekräusel bildet und einen pilzartigen Geruch hat. Dieser gutartige Pilz (Mykorrhiza) lebt mit Kiefern in Symbiose und ist ein Zeichen von Gesundheit.
Wurzelläuse werden mit einer Alphos-Lösung beseitigt, die direkt in die Wurzeln gesprüht wird. Man kann auch eine Metasystox-Lösung verwenden.

Krankheiten

Echter Mehltau tritt als weißer, mehlartiger Belag vor allem an Blättern in Erscheinung. Er kann auftreten bei hohen Temperaturen und gleichzeitigem Mangel an Luftzirkulation oder zu hoher Luftfeuchtigkeit. Mehltau ist eine Pilzkrankheit und wird daher mit einem Fungicid bekämpft wie z.B. Benomyl (Dupont), 0,25% F 238 (BASF)lösung oder Netzschwefel 0,4%ig. Das Ausputzen der Baumkrone, die Beseitigung der befallenen Blätter und viel frische Luft sind weitere Maßnahmen zur Gesundung der Pflanze.

Sternrußtau, eine rußartige, schwarze Ablagerung an den Blättern, von der z.B. Ulmenarten (Zelkowa) betroffen werden, bildet sich in den meisten Fällen auf einer Seite der Pflanze. Der Sternrußtau kann mit Ortho-Phaltan 50 bekämpft werden.

Wurzelfäule ist am häufigsten anzutreffen und kann verschiedene Ursachen haben. Sie entsteht durch falsche Pflegemaßnahmen wie zu starkem Gießen, bei Überdüngung oder einer falschen Erdmischung. Auch bei zu großer Trockenheit sterben zuerst die feinen Faserwurzeln ab und faulen dann bei erneutem Gießen.
Grundsätzlich müssen Sie bei dieser Krankheit zunächst alle faulen Wurzelteile entfernen, das verbleibende Wurzelwerk kurz in eine Benomyl (Dupont)- oder Orthocidlösung eintauchen und Ihr Bäumchen dann in neue Erde setzen. Gießen Sie anfangs sparsam, da sich die Faserwurzeln erst neu bilden müssen und die Pflanze nicht soviel Wasser aufnehmen kann wie eine gesunde. Übersprühen Sie den Bonsai öfter. Zusätzlich sollte das Bäumchen schattiert und windgeschützt aufgestellt werden.
Natürlich dürfen Sie eine im Wurzelsystem geschädigte Pflanze erst dann wieder düngen, wenn sie genügend neue Wurzeln ausgebildet hat.

Chlorose oder Gelbsucht: Blätter und Nadeln werden gelb, während die Blattadern grün bleiben. Die Hauptursache dieser Erscheinung ist Eisenmangel. Gießen Sie die Pflanze mit Fetrilon Combi F. Ein zu dichtes, nasses Erdreich kann die gleichen Merkmale hervorrufen, da hier die Pflanze nicht mit genügend Sauerstoff versorgt werden kann. In diesem Falle hilft ein Auflockern der Erde, ein eventuelles Umtopfen und weniger Gießen.
Wenn immer Sie Probleme mit Ihrem Bäumchen haben, wenden Sie sich an einen Fachmann um Rat. Gehen Sie rechtzeitig zu Ihrem Bonsaispezialisten – lieber einmal zu oft als einmal zu spät.

Chinesische Bonsai
Pun-sai, Pun-ching, Pen-jing

Im Laufe der Jahrhunderte haben die Chinesen die gleichen Grundsätze bei der Bonsai-Gestaltung entwickelt wie die Japaner. Auch sie wollen zunächst von der Natur selbst lernen; auch für sie ist Bonsai die Kunst, Natur zu gestalten, Harmonie zu schaffen und den Blick für das Wesentliche zu schärfen.

Und doch gelten für die chinesischen Meister etwas andere Maßstäbe, etwa bei den Größenverhältnissen zwischen Schale-Baum, Wurzeln-Stamm, Stamm-Ästen als für die japanischen.

Deshalb sind für den europäischen Betrachter, der zuerst die Bonsai aus Japan kennenlernte, die Bäumchen aus dem Ursprungsland China zunächst oft fremd.

Bei einem Vergleich zwischen Bonsai beider Länder fällt auf, daß die Chinesen oft sehr große Bonsai-Schalen auswählen, die zum Teil sehr schön, sehr alt und kostbar sind. Auch sind ihre Bäumchen im allgemeinen größer als die japanischen und erreichen nicht selten eine Höhe von 1 m – 1,50 m und höher.

Oft ist der Wurzelansatz für unser an japanischen Bäumchen geschultes Auge im Verhältnis zum Stamm sehr dünn. Diese Bäume wachsen einfach unvermittelt aus dem Boden; der Stamm von unten nach oben fast in gleicher Stärke, sich bis zur Baumkrone hin kaum verjüngend.

Auch das Größenverhältnis zwischen Stamm und Ästen ist nicht so ausgewogen wie bei den japanischen Bonsai.

Es können sich ganz dünne Ästchen unvermittelt an dicken Stämmen finden. Sehr feines Astwerk ist oft nur in der Baumkrone ausgebildet. Und manchmal wirken die Neigungswinkel zwischen Stamm und Ästen auf uns etwas kühn.

Bei der Betrachtung chinesischer Bonsai fällt auf, wie sehr wir das Stilempfinden der japanischen Bonsai-Meister übernommen haben. Wir sind an ihre klare, ausgewogene Formgestaltung gewohnt und haben eine eigene noch nicht entwickelt.

Bei den japanischen Bonsai gibt es sicher Exemplare, die so sehr Kunstwerk geworden sind, daß sie an Lebendigkeit verloren haben; und es gibt chinesische Bonsai, die zwar gröber gestaltet, dadurch oft sehr urig sind und eine eigene Natürlichkeit besitzen.

Beide Stilrichtungen werden viele Anhänger finden.

In China werden folgende Pflanzenarten für die Bonsai-Gestaltung bevorzugt:

Buxus microphylla	– kleinblättriger Buchsbaum
Bougainvillea glabra	– Bougainvillea
Carmona microphylla	– Fukien Tea
Celtis chinensis	– Zürgelbaum
Eleagnus angustifolia	– Ölweide
Ficus benjaminii, Ficus retusa	– Gummibaum-Arten
Gardenia jasminoides	– Gardenie
Glyptostrobus pensilis	– Chinesische Zypresse
Jasminum nudiflorum	– Winterjasmin
Juniperus chinensis	– Chinesischer Wacholder
Murraya paniculata	– Orangen-Jasmin
Nandina domestica	– Nandine
Pinus parviflora	– Mädchenkiefer
Pinus thunbergii	– Japanische Schwarzkiefer
Podocarpus macrophyllus	– Steineibe
Pseudolarix amabilis	– Chinesische Goldlärche
Punica granatum	– Granatapfelbaum
Sageretia theezans	– Sageretie
Serissa foetida	– Serissa
Ulmus parviflora	– Chinesische Ulme

*Bild rechts:
Chinesische Ulme -
Ulmus parviflora,
Höhe ca. 74 cm,
Alter ca. 40 Jahre*

Orangen Jasmin - Murraya paniculata

Chinesische Ulme, Ulmus parviflora, Länge ca. 57 cm, Alter ca. 95 Jahre

Ulmus parviflora, chinesische Ulme, Höhe ca. 55 cm, Alter ca. 50 Jahre

Sageretie, Sageretia theezans, einem Drachen nachgestaltet, Länge ca. 45 cm, Alter ca. 55 Jahre

Bonsai für die Wohnung
indoor-Bonsai

In Deutschland werden gerade die ersten Versuche mit Bonsai für die Wohnung unternommen. In Amerika beschäftigen sich Bonsaifreunde schon seit Jahren mit der Frage, welche Pflanzenarten sich als Bonsai für das Zimmer eignen. Alle Zimmerpflanzen mit kleinen Blättern, deren Äste leicht verholzen, können auch als Bonsai für die Wohnung gestaltet werden. Es sind meistens tropische Pflanzenarten, die keine Winterruhe brauchen wie die kleinblättrigen Gummibäume, Gardenien, Brassia (Schefflera). Bei ihnen mußten andere, ihnen gemäße Wuchsformen gefunden werden, die Baumformen ihrer tropischen Heimat. Sie haben aber mit den traditionellen Bonsaiformen, wie wir sie kennen, oft sehr wenig gemeinsam und werden nie die Faszination und den Zauber dieser Miniaturen erreichen. Den Bonsaiformen am ähnlichsten können Kalthauspflanzen gestaltet werden. Zu ihnen gehören Serissa foetida, Myrten, Kamelien, Bougainvilleen, Citrusfrüchte, Ölbäume und andere.

Auch bei den indoor-Bonsai ist es sehr wichtig, Bedingungen zu schaffen, die den natürlichen Lebensbedingungen der Pflanzen möglichst genau entsprechen. Lichtverhältnisse, Temperaturen und Luftfeuchtigkeit müssen stimmen, um ein Gedeihen der Pflanze zu ermöglichen.

Der beste Standort für diese Bäumchen ist ein Fensterplatz nach Süden. Wenn das nicht möglich ist, können Sie bei weniger günstigen Lichtverhältnissen mit Kunstlicht nachhelfen, z.B. mit Philipps E 86 (160 Watt), das Sie tagsüber im Sommer 16 Stunden und im Winter etwa 10 Stunden eingeschaltet lassen. In der Pflege Ihrer Zimmerbonsai müssen Sie grundsätzlich zwischen den Kalthauspflanzen und den tropischen Pflanzenarten unterscheiden.

Für die Kalthauspflanzen sollten die Nachttemperaturen um einige Grade (5–10 °C) tiefer liegen, da sie in ihrer natürlichen Heimat an diese Temperaturunterschiede zwischen Tag und Nacht gewöhnt sind. Sie können das erreichen, indem Sie die Bäumchen nachts in einen kühleren Raum stellen. Unmittelbar am Fenster liegen die Temperaturen nachts ohnehin niedriger als im übrigen Raum, und Sie können sie weiter absinken lassen, wenn Sie einen Vorhang vorziehen, der den Fensterbereich abtrennt. Dadurch wird zwischen Vorhang und Fenster eine andere, kühlere „Klimazone" geschaffen. Wählen Sie, wenn möglich, einen Fensterplatz nicht unmittelbar über einer Heizung.

Im Sommer freuen sich diese Bonsai-Arten auf ihren Platz im Freien, wenn sie windgeschützt und zunächst schattiert aufgestellt werden. Wenn die Nachttemperaturen im Herbst unter +5 °C absinken, werden sie wieder ins Haus genommen.

Die Temperaturen in unseren Wohnräumen entsprechen dem Klima der Heimat von tropischen Pflanzen. Daher sind diese besonders für unsere Wohnungen geeignet. Im Gegensatz zu den Kalthauspflanzen, die keine allzu hohen Zimmertemperaturen vertragen, dürfen bei diesen die Temperaturen nicht unter +15 °C absinken. Um eine ausreichend hohe Luftfeuchtigkeit zu gewährleisten, ist es für alle Bäumchen wichtig, daß sie zusätzlich zum Gießen übersprüht werden.

Sie können die Luftfeuchtigkeit auch erhöhen, wenn Sie die Pflanzen mit ihren Gefäßen in große, flache Keramikschalen stellen, die mit einer Schicht aus Kieselsteinen oder Legaton gefüllt sind. Das beim Gießen und Überbrausen überflüssige Wasser

Serissa foetida, Höhe ca. 18 cm, Alter ca. 5 Jahre

Gummibaum, Ficus benjaminii, Dreierstamm - Sankan, Höhe ca. 45 cm, Alter ca. 15 Jahre

wird von den Kieselsteinen aufgenommen, verdunstet langsam und verbessert damit die Luftzirkulation bei gleichzeitiger Erhöhung der Luftfeuchtigkeit in unmittelbarer Umgebung der Pflanzen. Dies sind nur ganz allgemeine Hinweise für die Pflege der indoor-Bonsai. Eine Aufstellung der Pflanzen, die sich als indoor-Bonsai eignen, finden Sie auf Seite 108. Beachten Sie bitte die spezielle Fachliteratur, wenn Sie sich für diese Bonsai-Art interessieren.

BONSAI FOR INDOORS A HANDBOOK
Brooklyn Botanic Garden
1000 Washington Avenue, New York 11225

Gummibaum - Ficus retusa, Hängeform - Kengai, Länge ca. 78 cm, Alter ca. 30 Jahre

Dieser alte chinesische Bonsai, ein kleinblättriger Gummibaum, Ficus benjaminii, Höhe ca. 97 cm, Alter ca. 45 Jahre, gehört zur Sammlung des Herrn Pin Kewpaisal in Bangkok, Thailand. Diese Bonsai-Art ist bei unserem Klima nur für die Wohnung geeignet.

Schefflera, Brassaia actinophylla auf Lavastein, Alter ca. 4-8 Jahre

Gummibaum, Ficus retusa, Höhe ca. 48 cm, Alter ca. 15 Jahre

12jährige, aus Samen gezogene Schefflera, Brassaia actinophylla

Gummibaum, Ficus deltoidea, Felsenform - Ishitsuki, Höhe ca. 48 cm, Alter ca. 10 Jahre

Ming Aralia, Polyscias, Felsenform - Ishitsuki, Höhe ca. 40 cm, Alter ca. 10 Jahre

Bonsai-Arten für die Wohnung

Kalthauspflanzen

Azalea japonica + indica
Buxus microphylla
Bougainvillea glabra
Camellia japonica
Carmona microphylla
Cotoneaster microphylla
Citrus paradisi, C. reticulata
Cryptomeria japonica
Cypressus arizonica
Eleagnus multiflora
Fuchsia
Hedera helix
Lagerstroemia indica
Myrtus communis
Nandina domestica
Olea europáea
Podocarpus macrophylla
Punica granatum
Rosmarinus officinalis
Serissa foetida
Ulmus parvifolia

Tropische Pflanzen

Araucaria heterophylla	– Araucarie
Brassaia actinophylla	– Lackblattpflanze
Ficus benjamini, Ficus retusa, Ficus glomerata, Ficus deltoidea, Ficus diversifolia, Ficus nerifolia	– Gummibaum, Feigenbaum
Gardenia jasminoides	– Gardenie
Polyscias fruticosa	– Ming Aralia

Wichtige japanische Fachwörter

Ara-kawacho	Baum mit grober Rinde
Ara-ki	frisch ausgegrabener Baum, als Bonsai-Material geeignet
Bankan	Bonsai mit gebogenem Stamm
Bonkei	Naturlandschaften in eine Schale gepflanzt (Steine, Pflanzen, Tierfiguren, Häuschen)
Bunjingi	Bonsai in Literatenform
Chokkan	Bonsai mit aufrechtem Stamm
Daiki	Mutterpflanze (Tsugiho-Reis)
Eda-jin	künstlich gebleichte Äste
Eda-nuki	Abschneiden unnötiger Äste
Eda-uchi	Harmonie des Astwerks
Eda-zashi	Astschnitt
Fukinagashi	Bonsai in windgepeitschter Form
Gobo-ne	Pfahlwurzel
Goro-tsuchi	grobkörnige Erde
Ha-gari	Abzupfen der Blätter
Hamizu	Blätter mit Wasser besprühen
Hankan	Bonsai mit stark gewundenem Stamm
Han-kengai	Bonsai in Halbkaskadenform
Hariganekake	Drahten
Ha-zashi	Blattschnitt
Hokidachi	Bonsai in Besenform
Honbachi	Bonsai-Schale
Ikada	Bonsai in Floßform
Ishi-zuki	Felsen-Bonsai
Ju-shin	Baumspitze
Ju-sei	Wachstum des Baumes
Kabudachi	Bonsai mit Mehrfachstamm
Kabuwake	Abtrennen der Wurzel
Kanju	Laubabwerfende Bäume
Kannuki-eda	ein häßlicher Zweig, der beschnitten werden muß

Kansui	Gießen
Karikomi	Beschneiden der Blätter und Zweige
Kengai	Bonsai in Kaskadenform
Kesho-tsuchi	Schmückende Erde, weißer Sand
Keto-tsuchi	Torf
Ko-eda	ganz feine Zweige
Kokejun	Stamm, der sich nach oben hin verjüngt
Komochi	= sokan: zweistämmiger Bonsai
Kuro-tsuchi	schwarzer Lehm
Kuruma-eda	häßlicher Zweig, der beschnitten werden muß
Mame-Bonsai	Bonsai, kleiner als 10 cm
Meiboku	alter, antiker Bonsai
Me-tsumi	Blätter abzupfen
Mi-mono	früchtetragender Bonsai
Misho	Bonsai aus Samen ziehen
Misho-mono	Bonsai aus Samen
Mizu-gire	zu trocken
Mizu-goke	Wassermoos
Moyogi	Bonsai in frei aufrechter Form
Neagari	Wurzelstamm-Bonsai
Nebari	Form der sichtbaren Wurzeln
Nejikan	Bonsai mit um sich gedrehtem Stamm
Netsuranari	Bonsai-Form mit mehreren Bäumen, die aus einer Wurzel wachsen
Ne-zashi	Wurzelschnitt
Oki-goe	Dünger in Kugel- oder Pulverform
Oyaki	Mutterbaum (beim Abmoosen)
Roboku	alter, antiker Bonsai
Sabamiki	Bonsai mit gespaltenem Stamm
Saikei	Landschaften mit Felsen und Bäumen ohne Figuren
Sankan	Bonsai mit Dreifachstamm
Sashi-ho	Steckling
Sashi-ki	Vermehrung durch Stecklinge
Seishi	Bonsai gestalten
Sentei	Baumschnitt
Shakan	Bonsai mit geneigtem Stamm
Sharimiki	Bonsai mit geschälter Rinde
Shohaku	Nadelgehölze
Shohin-Bonsai	Bonsai, kleiner als 15 cm
Shoki	Bonsai durch Sammeln = yamadori-shitate, Gegensatz: misho
Sokan	Doppelstamm-Bonsai
Suiban	flache Schale ohne Abzugsloch
Suiseki	Felsenlandschaften auf Suiban angeordnet
Tachia-gari	Stammansatz
Tanegi	Bonsai-Material
Tekishin	Triebe entfernen
Tocho-shi	zu lang gewordener Ast
Toriki	Bonsai durch Abmoosen gewinnen
Toriki-mono	Bonsai durch Abmoosen
Tsugi-ho	Reis (daiki = Mutterpflanze)
Tsuki-ki	Bonsai durch Veredelung gewinnen
Tsugiki-mono	Bonsai durch Veredelung
Tsuri-o-toru	Pflanze am Topf befestigen
Yamadori	Bonsai-Sammeln in der Natur
Yamadori-shitate	Bonsai durch yamadori
Yobi-tsugi	Aufpfropfen eines Astes
Yose-ue	Gruppenpflanzungen, Waldformen

Deutsch-Japanische Pflanzennamen

Dreispitz-Ahorn	Kaede
Fächer-Ahorn	Momiji
Rotblättriger Fächer-Ahorn	Deshojo
Rotblättriger Feder-Ahorn	Segen
Zier-Apfel	Kaido
Apfel	Himeringo
Japanische Aprikose	Ume
Japanische Azalee	Satsuki
Berberitze	Shobyaku
Blauregen	Fuji
Kleinblättriger Buchsbaum	Tsuge
Feuerdorn	Tachibana-modoki
Eibe	Ichii
Ajan-Fichte	Ezo-Matsu
Fünffingerstrauch	Kinrobai
Chinesischer Flieder	Lilac
Gardenie	Kuchinashi
Ginkgo	Icho
Winter-Jasmin	Obai
Granatapfelbaum	Zakuro
Japanische Hainbuche	Soro
Japanischer Hartriegel	Mizuki
Kamelie	Tsubaki
Kerbbuche	Buna
Mädchen-Kiefer	Goyo-Matsu
Rot-Kiefer	Aka-Matsu
Schwarz-Kiefer	Kuro-Matsu
Dickrindige Schwarz-Kiefer	Nishiki-Matsu
Japanische Wildkirsche	Yama-sakura
Japanische Blüten-Kirsche	Fuji-sakura
Lagerströmie	Hyakujikko
Ölweide	Gumi
Schein-Quitte	Karin
Flaschen-Dorn-Quitte	Boke
Prächtige Dorn-Quitte	Chojubai
Japanische Sicheltanne	Sugi
Spindelstrauch	Mayumi
Spierstrauch	Shimotsuke
Pflaumenblättrige Stechpalme	Umemodoki
Steinmispel	Beni-shitan
Ulme	Akinire
Chinesischer Wacholder	Shinpaku
Igel-Wacholder	Tosho
Trauer-Weide	Yanagi
Zelkowa = Japanische Ulme	Keyaki
Sonnen-Zypresse	Hinoki
Zaubernuss	Mansaku
Sternmagnolia	Kobushi
Stewartia	Natsutsubaki
Pfaffhütchen	Mayumi
Bambus	Take

Literaturhinweise:

Yuji Yoshimura und Giovanna M. Halford:
The Japanese Art of Miniature Trees and Landscapes
Verlag Charles E. Tuttle Co; Rutland, Vermont, USA 1974

Kyuzo Murata:
Bonsai-Miniature Potted Trees
Verlag Shufunomoto Co. Ltd. Tokyo, 1977

Nakamura Zeko:
Bonsai Miniatures. Quick and Easy
Verlag Shufunomoto, Tokyo, 1977

Editors of Sunset Books:
Bonsai. Culture and Care of Miniature Trees
Verlag Lane Publishing Co, Menlo Park, California, USA 1978

Walter Schmidt
Die Kunst des japanischen Bonsai. Formen und Pflegen von Zwergbäumen
Verlag Eugen Ulmer, Stuttgart 1979

Paul Lesniewicz
Bonsai - japanische Zwergbäume
Selbstverlag Paul Lesniewicz, Mannheimer Str. 401, 6900 Heidelberg, 1978

Koide Kato Takeyama:
Bonsai, Freude an japanischen Zwergbäumen
Verlag BLV München

Ulrich Dietiker:
Bonsai, japanische Zwergbäume als Hobby
Verlag Hallwag, Bern, Stuttgart

Fritz Köhlein:
Pflanzen vermehren
Verlag Ulmer, Stuttgart

Bonsai-Fachhandel

Blumen Boutique 46
Mehringdamm 46
1000 Berlin 61

Fa. Bernd E. Heinze
Suarezstr. 21
1000 Berlin 19

Japanstudio Miyako
Colonnaden 72
2000 Hamburg 36

Blumen Fox
Domsheide 14
2800 Bremen 1

Garten-Zentrale Hoemann
Alt. Knipprather Weg 1
4018 Langenfeld

Hydro-Kultur Bilstein
Limbecker Platz 13
4300 Essen 1

Blumen Newels GmbH
Bogenstr. 1
4400 Münster

Broxtermann & Boymann
Kirchstr. 1
4505 Bad Iburg

Blumen Axthelm
Münsterstr. 186-188
4600 Dortmund 1

Garten-Center Kehl
Westernstr. 23
4790 Paderborn

Firma M. Brüning
Sürther Hauptstr. 143
5000 Köln 50

Garten-Center Köln
Goldammerweg 361
5000 Köln 30

Blumen Giesen
Trierer Str. 791
5100 Aachen

Ahrens & Sieberz, Großversandgärtnerei
5201 Seligenthal/Siegb.

Knaubers Hobby-Markt
Endenicher Str. 138
5300 Bonn 1

Bonsai-Centrum Rhein/Lahn
Koblenzer Str. 77
5427 Bad Ems

Garten-Center Mayen
Auf der Eich
5440 Mayen

Garten-Center Lambert & Söhne
Franz-Georg-Str. 50
5500 Trier

Fa. Peter Assmann
Friedrichstr. 75
5900 Siegen

Blumen Rost Bonsai-Zentrum
Sandweg 6
6000 Frankfurt/M. 1

Blumenhaus Hochhäuser J. Marholz
Große Langgasse 6
6500 Mainz

Garten-Zentrum Spricks
Schwabenheimerweg 26
6550 Bad Kreuznach

Bonsai-Centrum Heidelberg
6900 Heidelberg, Mannheimer Str. 401
Tel. 06221/81748

Pflanzenparadies Erhardt
Freiburgerstr. 4
7530 Pforzheim

Bonsai-Centrum München
Toni-Pfülf-Str. 14
8000 München 50

Garten-Center Seebauer
Ottobrunner Str. 61
8000 München 82

Walter Radloff
Schnieglingerstr. 54
8500 Nürnberg

Garten-Center Feustel
Königsallee
8580 Bayreuth

Garten-Center, Samen Dehner
8852 Rain am Lech

Dieter Dumler
Ringweg 7
8950 Kaufbeuren

Bellaflora Garten-Center
Zaunmüllerstr. 1
A 4020 Linz

Firma Hermann Zulauf AG Baumschulen
CH 5107 Schinznach-Dorf

Internationale Bonsai-Clubs
Bonsai-Club
Verein europäischer Miniaturbaumfreunde e.V.,
Postfach,
6900 Heidelberg 1
Redaktion: Wolfgang Zimmer,
Weiherstr. 9, 6908 Wiesloch

Verein deutscher Bonsai-Freunde e.V.
Postfach 1402
3000 Hannover 1

Vlaamse Bonsai Vereinigung v.z.w.
p.a. Eikstraat 60
B-9300 Aalst

Schweizer Bonsai Liebhaberclub
Heidenhofstr. 12
CH 6003 Luzern

Schinznacher Bonsai-Club
Postfach
CH 5107 Schinznach-Dorf

Associazione Italiana Bonsai
Via G. Bruno, 2
I 50136 Firenze Italy

Nederlandse Bonsai-Verein
Piet Moeskopstraat 7
NL-2807 Am Gouda

Nippon Bonsai Association
3-42 Ueno-koen, Daito-ku
Tokio, Japan

Bonsai Club International
445 Blake St., Menlo Park
CA 94025 USA

American Bonsai Society
21st Hays Medical Building
Nasville, TN 37203 USA

California Bonsai Society
P.O. Box 78211
Los Angeles Cal. 90016 USA

Hawaii Bonsai Association
888 Militani st. Sinte 887 Kendall Bldg.
Honolulu, Hi. 96813

Brooklyn Botanic Garden
1000 Washington Avenue
Brooklyn, New York 11225, USA

Association Argentina de Bonsai
Quirno 644 A
Buenos Aires, Argentina

Bonsai Society of Australia
29 Beattie Avenue
Ryde 2112, Australia

Bildquellen

An dieser Stelle möchte ich mich herzlich bedanken bei der Redaktion Kindai-Bonsai, Japan; Herrn Pin Kewpaisal, Bangkok, Thailand; Herrn Dr. Horace Clay, Hawaii und Herrn David Fukumoto, Fuku-Bonsai, Hawaii, für die freundliche Bereitstellung von ausgezeichnetem Bildmaterial.

Die Herkunft der Fotos:

Redaktion Kindai-Bonsai, Japan:
Fotos Seite 4, 18, 20, 21, 22, 23, 24, 37, 52, 58, 65, 66, 68, 71, 97

Saburo Kato, Omiya, Japan:
Fotos Seite 19, 69, 72, 83

Takeyama, Omiya, Japan:
Fotos Seite 10, 22, 30, 31, 70, 90

Pin Kewpaisal, Bangkok, Thailand:
Fotos Seite 101, 105

Fukumoto, Kurtis Town, Hawaii:
Fotos Seite 104, 106, 107

Dr. Horace Clay, Hawaii:
Fotos Seite 6, 14, 15

Bonsai-Centrum Heidelberg:
Fotos Seite 17, 25, 27, 32, 36, 38, 42, 44, 45, 49, 50, 51, 53, 67, 73, 74, 75, 76, 84, 85, 86, 87, 88, 89, 92, 95, 102.
Diese Fotos wurden von Josef Wiegand und Studio Orthen angefertigt.

Erläuterung zur Schalentabelle

Bonsai-Formen

	Chokkan - streng aufrecht
	Moyogi - frei aufrecht
	Shakan - geneigte Form
	Fukinagashi - windgepeitschte Form
	Hang-Kengai - Halbkaskade
	Kengai - Kaskade
	Hokidachi - Besenform
	Ishitsuki - Felsenform
	Sankan - Dreifachstamm
	Yose-Ue - Waldform
	Sokan - Zwillingsstamm
	Kabudachi - Mehrfachstamm
	Ikada - Floßform
	Netsuranari - Kriechende Form
	Bunjingi - Literaten-Form

Tabelle der Bonsai-Schalen und zugehörigen Baum-Formen

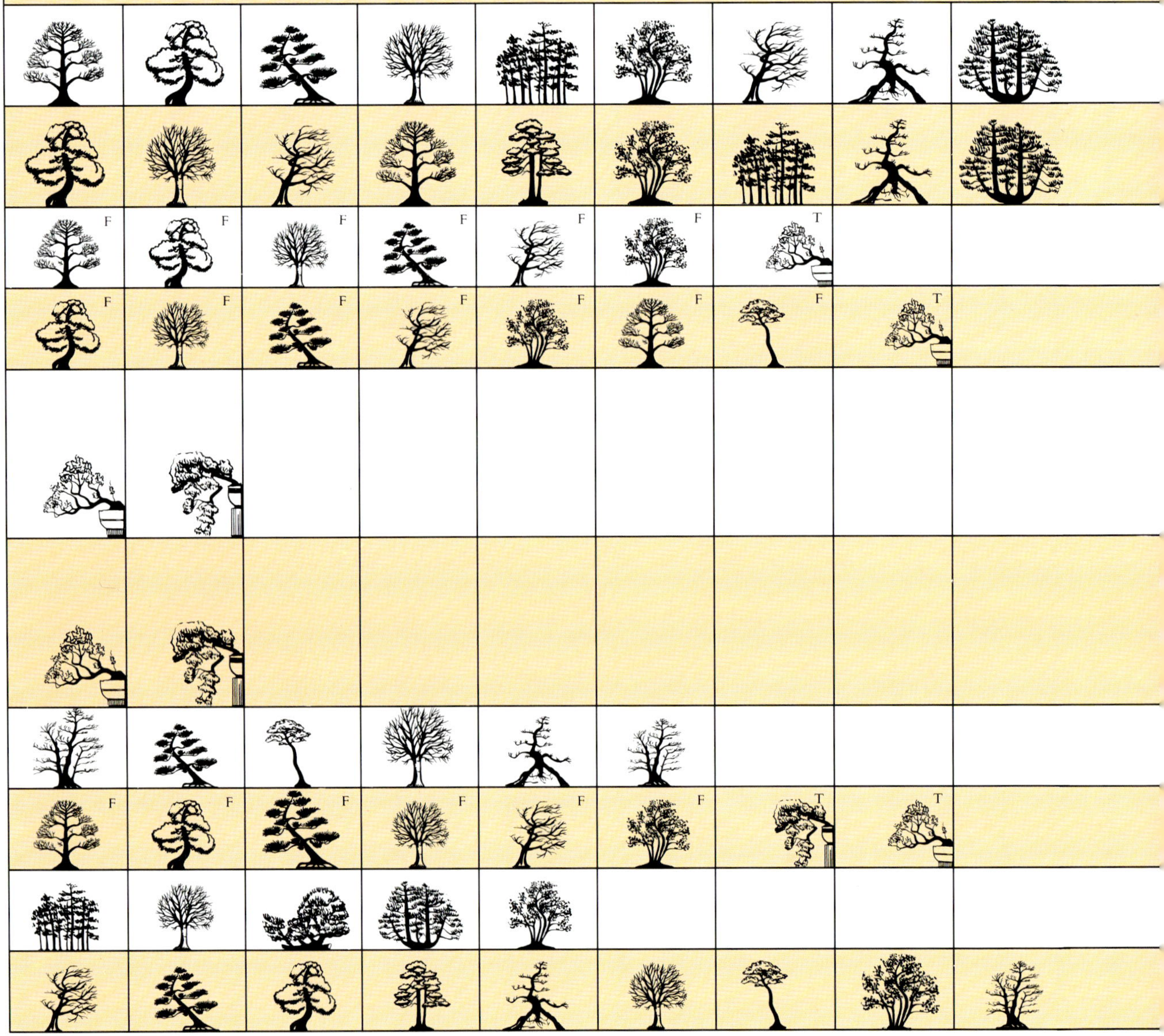

Schalen-Formen		Position des Baumes in der Schale
rechteckige Schalen	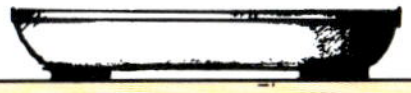	
ovale Schalen		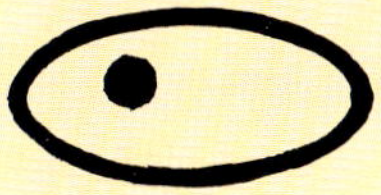
quadratische Schalen		
runde Schalen		
hohe quadratische Schalen		
hohe runde Schalen		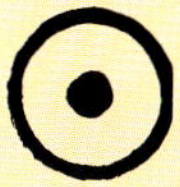
Lotusform-Schale		
sechs- oder acht-eckige Schalen		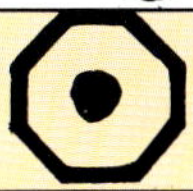
flaches Tablett mit oder ohne Füße		
runde flache Schale		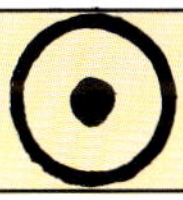

F: flach T: tief

Tabelle zur Bonsai-Pflege und Gestaltung

Winterhart bedeutet, daß die Pflanze Frost ertragen kann. Wie auf Seite 92 erwähnt, sollten die Bonsai trotzdem vor strengem Frost geschützt werden.

Bedingt winterhart bedeutet, daß die Pflanze nur wenige Frostgrade ertragen kann, bis −5 °C, und daher möglichst frostfrei bei 0 °C bis +8 °C überwintern sollte.

Art	Schneiden der Äste	Formschnitt (Schneiden der Triebe)	Drahten	Umtopfen
Ahorn Dreispitzahorn (Acer buergerianum)	Frühjahr bis Sommer	Frühjahr bis Sommer	spätes Frühjahr bis Herbst	Anfang Frühjahr, alle 2-3 Jahre
Fächerahorn (Acer palmatum)	Frühjahr bis Sommer	Frühjahr bis Sommer	spätes Frühjahr bis Herbst	frühes Frühjahr, alle 2 Jahre
Rotahorn (Acer palmatum atropurpureum)	Frühjahr bis Sommer	Frühjahr bis Sommer	spätes Frühjahr bis Herbst	frühes Frühjahr, alle 2 Jahre
Apfel Granatapfel (Punica granatum)	nach der Blüte	Sommer	immer, außer während des Austriebs	Anfang Frühjahr, alle 2-3 Jahre
Zierapfel (Malus halliana)	nach der Blüte oder spätes Frühjahr	nach der Blüte auf 2 Augen zurück. Lange Triebe nochmals im Juli einkürzen.	alte Zweige im Winter, neue Triebe Juni, Juli	Anfang Frühjahr oder Herbst, alle 2 Jahre
Aprikose (Prunus mume)	Winter oder spätes Frühjahr, nach der Blüte	wie Zierapfel	Herbst und Winter	spätes Frühjahr nach der Blüte, alle 2 Jahre
Azalee (Rhododendron japonicum molle)	Sommer	Sommer	spätes Frühjahr bis Sommer. Zweige brechen leicht	spätes Frühjahr nach der Blüte, alle 2 Jahre
Birke (Betula nigra)	dürres Holz Anfang Frühjahr, bevor der Saft fließt. Im Winter starke Äste.	Frühjahr bis Sommer	ab Sommer	Anfang Frühjahr, alle 2 Jahre

Gießen: über das Gießen können nur generelle Angaben gemacht werden. Sie müssen selbst herausfinden, wieviel Wasser Ihre Pflanze braucht. Das hängt von den Temperaturen, der Luftfeuchtigkeit und dem Pflanzenzustand ab. Lesen Sie darüber ausführlich auf Seite 86.

Standort	Winterhärte	Gießen	Düngen
Sonne/leicht schattiert	bedingt winterhart	reichlich	im Frühjahr nach dem Austrieb, nochmals im September
Sonne/leicht schattiert	bedingt winterhart	reichlich	nach dem Austrieb, nochmals im September
Sonne/leicht schattiert	bedingt winterhart	reichlich	nach dem Austrieb, nochmals im September
Sonne	bedingt winterhart	reichlich	nicht zu viel, vor der Blüte eine Phosphorgabe
Sonne	winterhart	reichlich	im Frühjahr nach der Blüte bis Juni, dann wieder ab September-Oktober.
Sonne	bedingt winterhart	reichlich	im Frühjahr nach Fruchtansatz bis Oktober
Sonne/leicht schattiert	bedingt winterhart	reichlich, vor allem während der Blüte	Blütendünger (Phosphor) im Frühjahr, Kugeldünger bis Herbst.
Sonne	winterhart	reichlich	Kugeldünger Frühjahr bis September

Art	Schneiden der Äste	Formschnitt (Schneiden der Triebe)	Drahten	Umtopfen
Felsenbirne (Amelanchier canadensis)	Frühjahr bis Sommer	Triebe müssen meistens nur einmal pro Jahr geschnitten werden. Im frühen Sommer.	immer, außer während des Austriebs	Anfang Frühjahr, alle 2 Jahre
Buche Hainbuche (Carpinus laxiflora)	Frühjahr bis Sommer	Frühjahr bis Sommer	spätes Frühjahr bis Herbst	frühes Frühjahr, alle 1-2 Jahre
Kerb-Buche (Fagus crenata)	Frühjahr bis Sommer	spätes Frühjahr oder früher Sommer	spätes Frühjahr bis Herbst	Anfang Frühjahr, alle 2 Jahre
Buchsbaum (Buxus microphylla)	Herbst oder Anfang Frühjahr	Frühjahr bis Herbst	Herbst	Anfang Frühjahr, alle 2-3 Jahre
Eiche (Quercus dentata)	Sommer bis Herbst	Frühjahr und Herbst	spätes Frühjahr bis Herbst	frühes Frühjahr, alle 2-3 Jahre
Fächerblattbaum (Ginkgo biloba)	Frühjahr bis Sommer	Frühjahr bis Sommer	Frühjahr bis Herbst	frühes Frühjahr, alle 2 Jahre
Feuerdorn (Pyracantha angustifolia)	Frühjahr bis Sommer	Frühjahr und Herbst	Frühjahr bis Herbst	frühes Frühjahr, alle 1-2 Jahre
Ajanfichte (Picea jezoensis)	Frühjahr bis Sommer	Frühjahr bis Sommer	Herbst und Winter	Anfang Frühjahr, alle 3-5 Jahre
Echter Jasmin (Jasminum nudiflorum)	Winter oder spätes Frühjahr nach der Blüte	nach der Blüte stark zurück-schneiden	Herbst+Winter und nach der Blüte locker drahten	spätes Frühjahr nach der Blüte alle 2 Jahre
Kamellie (Camellia japonica)	Juli-August	im Frühjahr einmal Triebe zurückschneiden	immer	Anfang Frühjahr, alle 3-5 Jahre
Kiefer Mädchenkiefer (Pinus parviflora)	Sommer	neue Triebe halbieren oder dritteln, bevor sie sich entfalten.	Frühjahr bis Herbst	frühes Frühjahr oder Herbst, alle 3-5 Jahre

Standort	Winterhärte	Gießen	Düngen
Sonne	winterhart	reichlich	Kugeldünger Frühjahr bis September
Sonne	winterhart	weniger	Kugeldünger nach dem Austrieb bis September
Sonne	winterhart	weniger	Kugeldünger nach dem Austrieb bis September
Sonne	bedingt winterhart	reichlich	Beim Austrieb leicht düngen. Kugeldünger ab Juni-Oktober
Sonne	winterhart	reichlich	nach dem 1. Austrieb bis Oktober, nicht zu reichlich düngen
Sonne	winterhart	reichlich	nach dem 1. Austrieb bis Oktober, nicht zu reichlich düngen
Sonne	winterhart	reichlich	Kugeldünger während der ganzen Wachstumsperiode
Sonne	winterhart	weniger	Kugeldünger während der ganzen Wachstumsperiode
Sonne	winterhart	reichlich	Kugeldünger nach der Blüte bis September
leicht schattiert	bedingt winterhart	reichlich	im Frühjahr und Herbst nicht zuviel, bis September
Sonne	winterhart	weniger	bevor die Triebe treiben, Düngekugeln auflegen bis Herbst, oder im Frühjahr 4mal flüssig düngen, 1-2mal im September, Oktober

Art	Schneiden der Äste	Formschnitt (Schneiden der Triebe)	Drahten	Umtopfen
Rotkiefer (Pinus densiflora)	Sommer	neue Triebe Ende Juni ganz entfernen.	spätes Frühjahr bis Herbst	frühes Frühjahr oder Herbst, alle 3-5 Jahre
Schwarzkiefer (Pinus thunbergii)	Sommer	neue Triebe Ende Juni ganz entfernen.	Frühjahr bis Sommer, außer während des Austriebs	frühes Frühjahr oder Herbst, alle 3-5 Jahre
Kirsche (Prunus serrulata)	Winter oder spätes Frühjahr	Sommer bis Herbst	Mitte April-Ende Mai	vor dem Austrieb oder Anfang Herbst, alle 2 Jahre
Europäische Lärche (Larix decidua)	Frühjahr bis Sommer	Frühjahr bis Sommer	immer, außer während des Austriebs	Frühjahr vor dem Austrieb
Zwergmispel (Cotoneaster horizontalis)	Frühjahr bis Sommer	Frühjahr bis Sommer	immer, außer während des Austriebs	Frühjahr, alle 2 Jahre
Pfirsich (Prunus persica)	Winter oder spätes Frühjahr nach der Blüte	nach der Blüte auf 2 Augen zurückschneiden	Frühjahr bis Sommer	spätes Frühjahr nach der Blüte, alle 1-2 Jahre
Scheinquitte Chinesische (Chaenomeles chinensis)	Frühjahr bis Sommer	Sommer	kann nicht gedrahtet werden	Anfang Frühjahr oder Herbst, alle 2 Jahre
Tanne (Abies Mill.)	Frühjahr bis Sommer	Frühjahr	immer, außer während des Austriebs	Anfang Frühjahr, alle 3-5 Jahre
Ulme (Ulmus parvifolia)	Frühjahr bis Sommer	Frühjahr bis Sommer	Juni-Juli	Anfang Frühjahr, alle 2 Jahre
Wacholder Chinesischer (Juniperus chinensis)	immer	Frühjahr bis Herbst	immer	Anfang Frühjahr oder Herbst, alle 2-5 Jahre
Igelwacholder (Juniperus rigida)	immer	Frühjahr bis Herbst	immer, außer während des Austriebs	Anfang Frühjahr oder Herbst, alle 3-5 Jahre

Standort	Winterhärte	Gießen	Düngen
Sonne	winterhart	weniger	wie bei Mädchenkiefer
Sonne	winterhart	reichlich	wie bei Mädchenkiefer
Sonne	winterhart	reichlich	im Frühjahr nach der Blüte Kugeldünger auflegen.
Sonne	winterhart	reichlich	Kugeldünger Frühjahr bis September
Sonne	winterhart	reichlich	Kugeldünger Frühjahr bis September
Sonne/leicht schattiert	bedingt winterhart	weniger	im Frühjahr nach dem Austrieb bis September, nicht zuviel düngen
Sonne	winterhart	reichlich	Kugeldünger einmal im Frühjahr und einmal im September
Sonne/leicht schattiert	winterhart	reichlich	Kugeldünger nach dem Austrieb bis September
Sonne	winterhart	reichlich	Kugeldünger nach dem Austrieb bis September
Sonne	winterhart	reichlich	Kugeldünger Frühjahr bis September
Sonne	winterhart	reichlich	Kugeldünger Frühjahr bis September

Art	Schneiden der Äste	Formschnitt (Schneiden der Triebe)	Drahten	Umtopfen
Zeder (Cedrus libani)	immer	Frühjahr bis Herbst	immer	Anfang Frühjahr, alle 2-5 Jahre
Zelkova (Zelkova serrata)	Frühjahr bis Sommer	Frühjahr bis Sommer	Juni-Juli	Anfang Frühjahr, alle 2 Jahre
Zürgelbaum (Celtis sinensis)	Frühjahr	Frühjahr bis Sommer	Juni-Juli	Anfang Frühjahr, alle 2-3 Jahre
Zypresse, echte (Cupressus sempervirens)	immer	Frühjahr bis Sommer	immer	Anfang Frühjahr, alle 2-3 Jahre
Scheinzypresse (Chamaecyparis obtusa, pisifera u.a.)	immer	Frühjahr bis Herbst	immer	immer (nicht in der größten Sommerhitze)

Standort	Winterhärte	Gießen	Düngen
Sonne	bedingt winterhart	reichlich	Kugeldünger nach dem Austrieb bis September
Sonne	winterhart	weniger	Kugeldünger nach dem Austrieb bis September
Sonne/leicht schattiert	bedingt winterhart	weniger	Kugeldünger nach dem Austrieb bis September
Sonne/leicht schattiert	bedingt winterhart	reichlich	Kugeldünger während der ganzen Wachstumsperiode bis September
Sonne/leicht schattiert	winterhart	reichlich	Kugeldünger während der ganzen Wachstumsperiode bis September